Guía para el examen de la ciudadanía Americana

Segunda Edición

José L. Del Río

ISBN 978-0-557-13740-4

Índice

Introducción

La presente GUIA PARA EL EXAMEN DE LA CIUDADANIA AMERICANA, no pretende sustituir los textos de Historia y Civismo ni los servicios que pueda proporcionar un abogado especializado; sino por el contrario, su objetivo es convertirse en un auxiliar informativo de práctica utilidad para el aspirante a la ciudadanía americana que habla el idioma español.

Para tal fin, usted podrá encontrar los formularios para aplicar a la ciudadanía traducidos al español, la entrevista con el oficial de inmigración, las preguntas y respuestas del nuevo examen; los requisitos para ser elegible y una breve explicación de la residencia permanente y las excepciones. La Declaración de Independencia, la Constitución con sus enmiendas y la forma de Gobierno.

También, se incluyen preguntas y respuestas adicionales, el caso de las personas envejecíentes que califican y el examen simplificado.

Si los propósitos mencionados en los párrafos que anteceden se llegaran a cumplir, nos sentiríamos ampliamente satisfechos de poder contribuir modestamente, para lograr una mejor preparación de todas aquellas personas que hablan el idioma español y que aspiran a convertirse en ciudadanos de ésta gran nación.

1.- Los requisitos para obtener la ciudadanía americana

Son los siguientes:

- Haber cumplido 18 años de edad cuando presente su solicitud.
- Ser residente permanente con 5 años de anterioridad. Este plazo se reduce a 3 años si el aspirante se encuentra unido en matrimonio con un ciudadano americano.
- Vivir en el estado o distrito donde aplica con 3 meses de anticipación, cuando menos.
- El pago de impuestos. Las autoridades migratorias, requieren copias de sus declaraciones de impuestos (income tax) de los últimos 5 años, o sólo tres si se encuentra casado con un ciudadano americano.

No debe olvidar que tiene hasta el día 15 de abril de cada año para hacer su declaración anual de impuestos.

- No tener antecedentes criminales, como consecuencia de la comisión de ciertos delitos considerados graves como son:
    - "...homicidio, narcóticos, fraude, hurto, violencia intencional, lavado de dinero, prostitución, poligamia, drogadicción y alcoholismo. También se incluyen el confinamiento en una prisión por 180 días, durante los últimos cinco años y la violación de libertad bajo palabra..."[1].

  De igual manera, las autoridades competentes no permiten la naturalización de quienes:
    - "... hayan estado afiliados a un Partido Comunista, promuevan el derrocamiento del gobierno americano, deserten durante la guerra, se nieguen a la conscripción militar o promuevan actos terroristas..."[2] El abuso doméstico o la falta de pago de impuestos o de manutención de menores le pueden impedir lograr la ciudadanía americana por "falta de solvencia moral."

Es importante resaltar que durante la entrevista con el oficial de inmigración, usted se encontrará bajo juramento, es decir que debe conducirse con verdad, porque si se descubre que ha mentido su solicitud será rechazada.

- Aprobar el examen de inglés básico, Historia y Gobierno de los Estados Unidos.

---

[1] Inmigración y ciudadanía en los EE.UU. Debbie M. Schel. Sphinx Publishing. USA. 2004 pp.115-19
[2] Opus cit. pp.20-30

El candidato a la ciudadanía debe tener la capacidad de hablar, leer y escribir el idioma de una manera básica, por lo cual el examinador se dirigirá a usted, desde el principio de la entrevista en dicha lengua.

- Llenar debidamente el formulario para la naturalización americana, que se conoce como N-400. Esta aplicación se ha incluido en la presente GUIA traducida al español para su mayor comodidad.

La Fidelidad a la Constitución de los Estados Unidos de América.

Si usted se va a convertir en ciudadano de los EE.UU. y en ésta nación se encontrará su hogar, donde vivirán y crecerán sus hijos y nietos y los miembros de su familia buscarán su realización como seres humanos, con las alegrías y tristezas que la vida le depara a cada quien, será indispensable que:

a) Apoye y defienda a los Estados Unidos y su Constitución.
b) Sirva en las fuerzas armadas o como civil, en caso necesario; y
c) Renuncie a la fidelidad por otra nación.

Si el candidato es hombre y tiene de 18 a 26 años de edad, tendrá que registrarse en la reserva de las Fuerzas Armadas. Puede solicitar su registro ante cualquier Oficina de Correos y recibir su número del Servicio Selectivo, que proporcionará al Servicio de Inmigración en su solicitud de naturalización.

La mayoría de los residentes pueden enviar su formulario de naturalización, tres meses antes de cumplir el tiempo de residencia legal requerido; es decir, a los cuatro años con nueve meses.

Para los aplicantes que se encuentren unidos en matrimonio con un ciudadano americano, el plazo para presentar su aplicación se reduce a 2 años con nueve meses.

2.- El Formulario N-400 para aplicar a la naturalización

Desde que se empieza a vivir en este país es recomendable tener un archivo con nuestros documentos personales y los de nuestras familias; donde consten el puerto de entrada a los Estados Unidos, los lugares en los que se ha vivido, las fechas y las direcciones. También, los trabajos que se han desempeñado, con los nombres, los domicilios, los teléfonos y el código postal.

La aplicación para la naturalización americana N-400 se llenará a máquina o con tinta negra y letra de molde en el idioma inglés. Este formulario se puede conseguir llamando al número de teléfono 1-800-870-3676 o en la página de Internet http://www.USCIS.gov

Todos los aspirantes a la ciudadanía americana deberán enviar junto con su solicitud:

1. Una copia de su tarjeta de residencia permanente por ambos lados.
2. Dos fotografías recientes a color y de frente, tipo pasaporte. En la parte posterior de las mismas, deberá escribir con lápiz su nombre con letra de molde y su número de registro de extranjero "A" que aparece en su tarjeta de residencia. No se aceptan las gafas, los gorros, sombreros o turbantes que tapen el rostro.
3. Una Orden de Dinero (Money Order) o cheque del arancel vigente[3] a nombre del USCIS (Actualmente es de 675 dólares) con su nombre y registro al reverso.
4. Copias de sus declaraciones anuales de impuestos (income tax).

Enviará solamente copias de sus documentos y guardará los originales para la entrevista. Si la autoridad migratoria le solicita un documento en especial, usted puede enviar el original y a falta de él una copia certificada del mismo. Si este documento está escrito en otro idioma, se acompañará de la correspondiente traducción al inglés hecha por una persona legalmente calificada para ello.

Ahora, pasemos a los documentos que cada quien puede enviar según su caso en particular, si el interesado en la naturalización:

- Está o estuvo casado con ciudadano americano, remitirá:
    - Actas de matrimonio.

[3] Las tarifas para aplicar a la naturalización se modifican periódicamente, por lo que se recomienda verificar la cantidad que le corresponde al momento de presentar su solicitud en la página de Internet o en el número de teléfono antes mencionados.

- Partida de nacimiento.
- Constancia de ciudadanía del cónyuge.
- Declaraciones de impuestos, cuentas bancarias, alquileres e hipotecas.
- Actas de divorcio.

- Tiene cónyuges o hijos dependientes, que no vivan con él.
  - Pagos de la manutención
- Sirve o sirvió en las Fuerzas Armadas.
  - Los originales de los formularios G325 B o N-426.
- Fue arrestado, sujeto a proceso, condenado o absuelto.
  - Los originales o copias certificadas de cada uno de los procesos judiciales.
- Salió del país por más de 6 meses.
  - Pagos de impuestos, alquileres e hipotecas, recibos de pago.
- Debe impuestos desde que es residente.
  - Las constancias de haber hecho el pago.
- Sufre de alguna incapacidad física o mental.
  - Tendrá que presentar el original del "Certificado médico para excepciones por incapacidad" N-648 junto con su solicitud y será asistido de un médico o un psicólogo con licencia, según sea el caso, para que se le dispense de la presentación de los exámenes de Inglés, Gobierno, Civismo e Historia de los Estados Unidos. Si la incapacidad se admite, solamente esperará por la ceremonia de "El Juramento de lealtad".

Le proporcionamos el formulario N-400 para la naturalización americana, en su versión oficial en el idioma inglés, con su correspondiente traducción al español para facilitar el proceso de llenado de su solicitud.

El lugar al que corresponderá remitir su aplicación, dependerá de dónde viva. Si usted radica en:

- Alaska, California, Hawai, Nevada, el territorio de Guam o el estado libre asociado de las islas de Mariana del Norte, le corresponderá remitirla a:
  - California Service Center. P.O. Box 10400. Laguna Miguel, C A 92607-0400.

- Colorado, Idaho, Illinois, Indiana, Iowa, Kansas, Michigan, Minnesota, Missouri, Montana, Nebraska, North Dakota, South Dakota, Utah, Washington, Wisconsin y Wyoming, deberá hacerlo a:
    - Nebraska Service Center. P.O. Box 87400. Lincoln, NE 68501-7400
- Alabama, Arkansas, Florida, Georgia, Kentucky, Louisiana, MIssissippi, New Mexico, North Carolina, South Carolina, Oklahoma, Tennessee y Texas, la enviará a:
    - Texas Service Center. P.O. Box. 851204. Mesquite, TX 75185-1204.
- Connecticut, District of Columbia, Delaware, Maine, MaryLand, Massachussets, New Hampshire, New Jersey, New York, Pennsylvania, Rhode Island, Vermont, Virginia, West Virginia, el estado Libre Asociado de Puerto Rico y las Islas Vírgenes de los EE.UU., le corresponderá hacerlo en:
    - Vermont Service Center. 75 Lower Weldon Street. St. Albans, VT 05479-0001.

Una vez que el Servicio de Inmigración haya recibido su aplicación para la naturalización se le enviará una "Carta de aviso" (receipt notice) en la que se le citará para que comparezca en el lugar indicado para que se le tomen las huellas digitales. Acudirá el día y la hora señalados con 2 identificaciones oficiales con fotografía como pueden ser su residencia, licencia o pasaporte. A su caso se le asignará un número que puede usar para darle seguimiento. Las personas mayores de 75 años quedan dispensadas de tomarlas.

OMB No. 1615-0052; Expires 10/31/08

Department of Homeland Security
U.S Citizenship and Immigration Services

N-400 Application for Naturalization

Print clearly or type your answers using CAPITAL letters. Failure to print clearly may delay your application. Use black ink.

Part 1. Your Name. *(The person applying for naturalization.)*

Write your USCIS "A"- number here:
A

For USCIS Use Only

Bar Code	Date Stamp
	Remarks
Action Block	

A. Your current legal name.

Family Name *(Last Name)*

Given Name *(First Name)* | Full Middle Name *(If applicable)*

B. Your name **exactly** as it appears on your Permanent Resident Card.

Family Name *(Last Name)*

Given Name *(First Name)* | Full Middle Name *(If applicable)*

C. If you have ever used other names, provide them below.

Family Name *(Last Name)*	Given Name *(First Name)*	Middle Name

D. Name change *(optional)*

Please read the Instructions before you decide whether to change your name.

1. Would you like to legally change your name? ☐ Yes ☐ No

2. If "Yes," print the new name you would like to use. Do not use initials or abbreviations when writing your new name.

Family Name *(Last Name)*

Given Name *(First Name)* | Full Middle Name

Part 2. Information about your eligibility. *(Check only one.)*

I am at least 18 years old **AND**

A. ☐ I have been a Lawful Permanent Resident of the United States for at least five years.

B. ☐ I have been a Lawful Permanent Resident of the United States for at least three years, **and** I have been married to and living with the same U.S. citizen for the last three years, **and** my spouse has been a U.S. citizen for the last three years.

C. ☐ I am applying on the basis of qualifying military service.

D. ☐ Other *(Please explain)* ______________________

partmento de Seguridad Nacional
rvicio de Ciudadania e Inmigracion

N-400 Aplicación para Naturalización

scriba claramente o imprima sus respuestas usando letras MAYUSCULAS. Si no escribe claramente su aplicación será retrasada. Use tinta negra.

'arte 1. Su Nombre. *(La persona aplicando por la naturalización)*

Escriba su número USCIS "A"- aquí:
A

Para uso exclusivo de USCIS

Código de Barras	Estampa de fecha
	Notas
Bloque de Acción	

Su nombre legal presente.

Apellido

Nombre — Segundo Nombre (si es aplicable)

Su nombre exactamente como aparece en su tarjeta de Residencia Permanente.

Apellido

Nombre — Segundo Nombre *(si es aplicable)*

Si alguna vez usó otros nombres, escribalos abajo.

Apellido	Nombre	Segundo Nombre

Cambio de Nombre *(opcional)*

Por favor lea las instrucciones antes de decidir a cambiar su nombre.

1. Quiere cambiar su nombre legal? No ☐ Sí ☐

2. Si eligió "Si", escriba el nombre que le gustaría usar. No use iniciales o abreviaciones cuando escriba su nuevo nombre.

Apellido

Nombre — Segundo Nombre

arte 2. Información acerca de su elegibilidad. *(Seleccione solo uno.)*

Yo tengo por lo menos 18 años de edad Y

A. ☐ He sido un Residente Permanente Legal de los Estados Unidos por lo menos cinco años.

B. ☐ He sido un Residente Permanente Legal por lo menos tres años, y he he estado casado y viviendo con el mismo ciudadano estadounidense por los últimos tres años, y mi esposo ha sido un ciudadano estadounidense por los últimos tres años.

C. ☐ Estoy aplicando en base de Servicio Militar calificante.

D. ☐ Otro *(Por favor explique)*

Part 3. Information about you.

Write your USCIS "A"- number here:
A

A. U.S. Social Security Number

B. Date of Birth *(mm/dd/yyyy)*

C. Date You Became a Permanent Resident *(mm/dd/yyyy)*

D. Country of Birth

E. Country of Nationality

F. Are either of your parents U.S. citizens? *(If yes, see instructions.)* ☐ Yes ☐ No

G. What is your current marital status? ☐ Single, Never Married ☐ Married ☐ Divorced ☐ Widowed

☐ Marriage Annulled or Other *(Explain)* ______________________

H. Are you requesting a waiver of the English and/or U.S. History and Government requirements based on a disability or impairment and attaching a Form N-648 with your application? ☐ Yes ☐ No

I. Are you requesting an accommodation to the naturalization process because of a disability or impairment? *(See Instructions for some examples of accommodations.)* ☐ Yes ☐ No

If you answered "Yes," check the box below that applies:

☐ I am deaf or hearing impaired and need a sign language interpreter who uses the following language: ______________

☐ I use a wheelchair.

☐ I am blind or sight impaired.

☐ I will need another type of accommodation. Please explain: ______________________

Part 4. Addresses and telephone numbers.

A. Home Address - Street Number and Name *(Do **not** write a P.O. Box in this space.)*

Apartment Number

City

County

State

ZIP Code

Country

B. Care of

Mailing Address - Street Number and Name *(If different from home address)*

Apartment Number

City

State

ZIP Code

Country

C. Daytime Phone Number *(If any)*
(   )

Evening Phone Number *(If any)*
(   )

E-mail Address *(If any)*

'arte 3. Información acerca de usted.

Escriba su número USCIS "A"- aquí:
A

A. Número de Seguro Social

B. Fecha de Nacimiento *(mm/dd/yyyy)*

C. Fecha cuando se hizo Residente Permanente *(mm/dd/yyyy)*

D. País de Nacimiento

E. País de Nacionalidad

F. Es alguno de sus padres Ciudadano Americano? *(Vea las instrucciones)* ☐ Sí ☐ No

G. Cuál es su estado matrimonial? ☐ Soltero, nunca casado ☐ Casado ☐ Divorciado ☐ Viudo

☐ Matrimonio anulado o otro *(Explicar)* ______________________________

H. Está solicitando un excepción a los requisitos de ingles y/o historia y gobierno de los E.E.U.U basado en alguna deshabilidad o impedimiento y está incluyendo la Forma N-648 con su aplicación? ☐ Sí ☐ No

I. Está solicitando alguna acomodación en el proceso de naturalización debido a alguna deshabilidad o impedimento? *(Vea las instrucciones por ejemplos de acomodaciones.)* ☐ Sí ☐ No

Si contestó "Sí", seleccione la opción correspondiente:

☐ Soy sordo o tengo un impedimento auditivo y necesito un interprete que use los siguientes lenguajes: ________________

☐ Uso una silla de ruedas.

☐ Soy ciego o tengo un impedimento visual.

☐ Necesito otro tipo de acomodamiento. Por favor explique: ____________________

Part 4. Direcciones y números telefónicos.

A. Dirección - Número y nombre de calle *(No escriba un número de apartado postal en éste espacio.)* Apartamento

Ciudad | Condado | Estado | Código Postal | País

B. Al cuidado de | Dirección de correo- Número y nombre de calle *(Si es diferente a la suya)* | Apartamento

Ciudad | Estado | Código Postal | País

C. Número telefónico principal *(Si hay)* ( ) | *Número telefónico secundario (Sí hay)* ( ) | Correo electrónico *(Sí hay)*

Part 5. Information for criminal records search.

Write your USCIS "A"- number here:
A

NOTE: The categories below are those required by the FBI. See Instructions for more information.

A. Gender

☐ Male ☐ Female

B. Height

Feet Inches

C. Weight

Pounds

D. Are you Hispanic or Latino? ☐ Yes ☐ No

E. Race *(Select one or more.)*

☐ White ☐ Asian ☐ Black or African American ☐ American Indian or Alaskan Native ☐ Native Hawaiian or Other Pacific Islander

F. Hair color

☐ Black ☐ Brown ☐ Blonde ☐ Gray ☐ White ☐ Red ☐ Sandy ☐ Bald (No Hair)

G. Eye color

☐ Brown ☐ Blue ☐ Green ☐ Hazel ☐ Gray ☐ Black ☐ Pink ☐ Maroon ☐ Other

Part 6. Information about your residence and employment.

A. Where have you lived during the last five years? Begin with where you live now and then list every place you lived for the last five years. If you need more space, use a separate sheet(s) of paper.

Street Number and Name, Apartment Number, City, State, Zip Code and Country	Dates *(mm/dd/yyyy)*	
	From	To
Current Home Address - Same as Part 4.A		Present

B. Where have you worked (or, if you were a student, what schools did you attend) during the last five years? Include military service. Begin with your current or latest employer and then list every place you have worked or studied for the last five years. If you need more space, use a separate sheet of paper.

Employer or School Name	Employer or School Address *(Street, City and State)*	Dates *(mm/dd/yyyy)*		Your Occupation
		From	To	

Part 5. Información para la busqueda de antecendentes criminales.

Escriba su número USCIS "A"- aquí:
A

NOTA: Las siguientes categorias son aquellas requeridas por el FBI. Vea las instrucciones para más información.

A. Sexo

☐ Hombre ☐ Mujer

B. Altura

Pies Pulgadas

C. Peso

Libras

D. ¿Es usted Hispano o Latino? ☐ Sí ☐ No

E. Raza *(Seleccione una o más.)*

☐ Blanco ☐ Asiático ☐ Negro o Afro Americano ☐ Indio Americano o Nativo de Alaska ☐ Nativo Hawaiano o de las Islas del Pacífico

F. Color de Cabello

☐ Negro ☐ Café ☐ Rubio ☐ Gris ☐ Blanco ☐ Rojo ☐ Arenoso ☐ Calvo (Sin Cabello)

G. Color de Ojos

☐ Cafe ☐ Azul ☐ Verde ☐ Miel ☐ Gris ☐ Negro ☐ Rosado ☐ Marrón ☐ Otro

Parte 6. Información acerca de su residencia y empleo.

A. ¿Donde ha vivido durante los últimos cinco años? Comience donde vive ahora y liste cada lugar donde ha vivido durante los últimos cinco años. Si necesita más espacio, use una hoja de papel por separado.

Número de Calle y Nombre, Número de Apartamento, Ciudad, Estado, Código Postal y País	Fechas *(mes/día/año)*	
	Desde	Hasta
Dirección actual - Igual a la parte 4.A		Presente

B. ¿Donde ha trabajado (o, si ha sido un estudiante, que escuelas atendió) durante los últimos cinco años? Incluya servicio militar. Comience con su empleo actual o el último trabajo y liste cada lugar donde ha trabajado o estudiado por los últimos cinco años. Si necesita más espacio, use un hoja de papel por separado.

Empleo o Nombre de Escuela	Empleo o Dirección de Escuela *(Calle, Ciudad y Estado)*	Fechas *(día/mes/año)*		Su Ocupación
		Desde	Hasta	

Part 7. Time outside the United States.

(Including Trips to Canada, Mexico and the Caribbean Islands)

Write your USCIS "A"- number here:
A

A. How many total days did you spend outside of the United States during the past five years? ☐ days

B. How many trips of 24 hours or more have you taken outside of the United States during the past five years? ☐ trips

C. List below all the trips of 24 hours or more that you have taken outside of the United States since becoming a Lawful Permanent Resident. Begin with your most recent trip. If you need more space, use a separate sheet(s) of paper.

Date You Left the United States *(mm/dd/yyyy)*	Date You Returned to the United States *(mm/dd/yyyy)*	Did Trip Last Six Months or More?	Countries to Which You Traveled	Total Days Out of the United States
		☐ Yes ☐ No		
		☐ Yes ☐ No		
		☐ Yes ☐ No		
		☐ Yes ☐ No		
		☐ Yes ☐ No		
		☐ Yes ☐ No		
		☐ Yes ☐ No		
		☐ Yes ☐ No		
		☐ Yes ☐ No		
		☐ Yes ☐ No		

Part 8. Information about your marital history.

A. How many times have you been married (including annulled marriages)? ☐ If you have **never** been married, go to Part 9.

B. If you are now married, give the following information about your spouse:

1. Spouse's Family Name *(Last Name)* | Given Name *(First Name)* | Full Middle Name *(If applicable)*

2. Date of Birth *(mm/dd/yyyy)* | 3. Date of Marriage *(mm/dd/yyyy)* | 4. Spouse's U.S. Social Security #

5. Home Address - Street Number and Name | Apartment Number

City | State | Zip Code

arte 7. Tiempo fuera de Los Estados Unidos.
ncluyendo viajes a Canada, Mexico y las Islas del Caribe)

Escriba su número USCIS "A"- aquí:
A

A. ¿Cuántos días en total pasó fuera de Los Estados Unidos durante los últimos cinco años? [ ] días

B. ¿Cuántos viajes de 24 horas o más ha tomado fuera de Los Estados Unidos durante los últimos cinco años? [ ] viajes

C. Liste abajo todos los viajes de 24 horas o más que ha tomado fuera de Los Estados Unidos desde que se convirtió en un Residente Permanente legal. Comience con el viaje más reciente. Si necesita más espacio, use una hoja de papel separada.

echa cuando salió de os Estados Unidos *(mes/día/año)*	Fecha de retorno a Los Estados Unidos *(mes/día/año)*	¿Duró el viaje seis meses o más?		Paises que visitó	Días fuera de Los Estados Unidos
		☐ Sí	☐ No		
		☐ Sí	☐ No		
		☐ Sí	☐ No		
		☐ Sí	☐ No		
		☐ Sí	☐ No		
		☐ Sí	☐ No		
		☐ Sí	☐ No		
		☐ Sí	☐ No		
		☐ Sí	☐ No		
		☐ Sí	☐ No		

arte 8. Información acerca de su historia marital.

A. ¿Cuántas veces ha sido casado (incluyendo matrimonios anulados)? [ ] Si nunca ha sido casado, continue en la Parte 9.

B. Si está casado ahora, provea la siguiente información sobre su pareja:

1. Apellido de su pareja | Nombre | Segundo Nombre

2. Fecha de Nacimiento *(mes/día/año)* | 3. Fecha de Matrimonio | 4. Número de Seguro Social

5. Dirección- Nombre y Número de Calle | Apartamento

Ciudad | Estado | Código Postal

Part 8. Information about your marital history. *(Continued.)*

Write your USCIS "A"- number here:
A

C. Is your spouse a U.S. citizen? ☐ Yes ☐ No

D. If your spouse is a U.S. citizen, give the following information:

1. When did your spouse become a U.S. citizen? ☐ At Birth ☐ Other

If "Other," give the following information:

2. Date your spouse became a U.S. citizen

3. Place your spouse became a U.S. citizen *(Please see Instructions.)*

City and State

E. If your spouse is **not** a U.S. citizen, give the following information :

1. Spouse's Country of Citizenship

2. Spouse's USCIS "A"- Number *(If applicable)*

A

3. Spouse's Immigration Status

☐ Lawful Permanent Resident ☐ Other ______

F. If you were married before, provide the following information about your prior spouse. If you have more than one previous marriage, use a separate sheet(s) of paper to provide the information requested in Questions 1-5 below.

1. Prior Spouse's Family Name *(Last Name)* Given Name *(First Name)* Full Middle Name *(If applicable)*

2. Prior Spouse's Immigration Status

☐ U.S. Citizen

☐ Lawful Permanent Resident

☐ Other ______

3. Date of Marriage *(mm/dd/yyyy)*

4. Date Marriage Ended *(mm/dd/yyyy)*

5. How Marriage Ended

☐ Divorce ☐ Spouse Died ☐ Other ______

G. How many times has your current spouse been married (including annulled marriages)? ☐

If your spouse has **ever** been married before, give the following information about **your spouse's** prior marriage.
If your spouse has more than one previous marriage, use a separate sheet(s) of paper to provide the information requested in Questions 1 - 5 below.

1. Prior Spouse's Family Name *(Last Name)* Given Name *(First Name)* Full Middle Name *(If applicable)*

2. Prior Spouse's Immigration Status

☐ U.S. Citizen

☐ Lawful Permanent Resident

☐ Other ______

3. Date of Marriage *(mm/dd/yyyy)*

4. Date Marriage Ended *(mm/dd/yyyy)*

5. How Marriage Ended

☐ Divorce ☐ Spouse Died ☐ Other ______

'art 8. Información acerca de su historia marital. *(Continuación.)*

Escriba su número USCIS "A"- aquí:
A

:. ¿Es su pareja un ciudadano Americano? ☐ Sí No ☐

D. Si su pareja es un ciudadano Americano, provea la siguiente información:

1. ¿Cuando se convirtió su pareja en ciudadano Americano? ☐ Al nacimiento ☐ Otro

Si contestó "Otro" provea la siguiente información:

2. Fecha cuando su pareja se hizo ciudadano

3 . Lugar donde su pareja se hizo ciudadano *(Vea las instrucciones)*

Ciudad y Estado

E. Si su pareja **no es** un ciudadano, provea la siguiente información:

1. País de nacionalidad de su pareja

2. Número USCIS "A"- de su pareja *(Si aplica)*

A

3. Estatus migratorio de su pareja

☐ Residente Permanente Legal ☐ Otro ____________

F. Si ha sido casado, provea la siguiente información acerca de su previa pareja. Si ha tenido más de un matrimonio previo, use una hoja de papel separada para proveer la informacion requerida en las Preguntas 1-5 abajo.

1. Apellido de su pareja anterior — Nombre — Segundo Nombre

2. Estatus migratorio de su pareja anterior

☐ Ciudadano Americano
☐ Residente Permanente Legal
☐ Otro ____________

3. Fecha de Matrimonio *(mes/día/año)*

4. Fecha cuando el matrimonio terminó

5. Cómo terminó el matrimonio

☐ Divorcio ☐ Pareja falleció ☐ Otro ____________

G. ¿Cuántas veces su pareja actual ha sido casada (incluyendo matrimonios anulados)? ☐

Si su pareja ha sido casada anteriormente, provea la siguiente información acerca de los matrimonios previos de su pareja. Si su pareja ha tenido más de un matrimonio previo, use una hoja de papel separada para proveer la información requerida en las Preguntas 1 - 5 abajo.

1. Apellido de la pareja anterior — Nombre — Segundo nombre *(Si aplica)*

2. Estatus migratorio de la pareja anterior

☐ Ciudadano Americano
☐ Residente Permanente Legal
☐ Otro ____________

3. Fecha de matrimonio (mes/día/año)

4. Fecha cuando el matrimonio terminó

5 . Cómo terminó el matrimonio

☐ Divorcio ☐ Pareja falleció ☐ Otro ____________

Part 9. Information about your children.

Write your USCIS "A"- number here:
A

A. How many sons and daughters have you had? For more information on which sons and daughters you should include and how to complete this section, see the Instructions.

B. Provide the following information about all of your sons and daughters. If you need more space, use a separate sheet(s) of paper.

Full Name of Son or Daughter	Date of Birth *(mm/dd/yyyy)*	USCIS "A"- number *(if child has one)*	Country of Birth	Current Address *(Street, City, State and Country)*
		A		
		A		
		A		
		A		
		A		
		A		
		A		
		A		

Add Children

Go to continuation page

Part 10. Additional questions.

Please answer Questions 1 through 14. If you answer "Yes" to any of these questions, include a written explanation with this form. Your written explanation should (1) explain why your answer was "Yes" and (2) provide any additional information that helps to explain your answer.

A. General Questions.

1. Have you **ever** claimed to be a U.S. citizen *(in writing or any other way)*? ☐ Yes ☐ No
2. Have you **ever** registered to vote in any Federal, state or local election in the United States? ☐ Yes ☐ No
3. Have you **ever** voted in any Federal, state or local election in the United States? ☐ Yes ☐ No
4. Since becoming a Lawful Permanent Resident, have you **ever** failed to file a required Federal state or local tax return? ☐ Yes ☐ No
5. Do you owe any Federal, state or local taxes that are overdue? ☐ Yes ☐ No
6. Do you have any title of nobility in any foreign country? ☐ Yes ☐ No
7. Have you ever been declared legally incompetent or been confined to a mental institution within the last five years? ☐ Yes ☐ No

Parte 9. Información acerca de sus hijos.

Escriba su número USCIS "A"- aquí:
A

A. ¿Cuántos hijos ha tenido? Para más información de cuáles hijos o hijas debe incluir y como completar ésta sección, vea las instrucciones.

B. Provea la siguiente información acerca de todos sus hijos. Si necesita más espacio, use una hoja de papel separada.

Nombre completo de su hijo	Fecha de nacimiento (mes/día/año)	Número de USCIS "A" *(si su hijo lo tiene)*	País de nacimiento	Dirección actual *(Calle, Ciudad, Estado y País)*
		A		
		A		
		A		
		A		
		A		
		A		
		A		
		A		

Parte 10. Preguntas adicionales.

Por favor conteste las pregruntas 1 - 14. Si su respuesta es "Si" a alguna de éstas preguntas, incluya una explicación escrita con ésta forma. Su explicación escrita debe (1) explicar porque su respuesta fue "Si" y (2) proveer cualquier información adicional que ayude a explicar su respuesta.

A. Preguntas Generales.

1. ¿Alguna vez ha declarado ser un ciudadano Americano *(por escrito o de alguna otra manera)*? ☐ Sí ☐ No

2. ¿Alguna **vez** se ha registrado para votar en alguna eleccion federal, estatal o local en los Estados Unidos? ☐ Sí ☐ No

3. ¿Alguna vez ha votado en alguna eleccion federal, estatal o local en los Estados Unidos? ☐ Sí ☐ No

4. ¿Desde que es Residente Permanente Legal, alguna vez ha fallado de mandar las formas de impuestos federales, estatales o locales? ☐ Sí ☐ No

5. ¿Debe usted impuestos federales, estatales or locales? ☐ Sí ☐ No

6. ¿Tiene usted algun título de nobleza en algún país extranjero? ☐ Sí ☐ No

7. ¿Alguna vez ha sido declarado legalmente incompetente o ha sido recluido en una institución mental en los últimos cinco años? ☐ Sí ☐ No

Part 10. Additional questions. (Continued.)

Write your USCIS "A"- number here:
A

B. Affiliations.

8. a Have you **ever** been a member of or associated with any organization, association, fund foundation, party, club, society or similar group in the United States or in any other place? ☐ Yes ☐ No

b. If you answered "Yes," list the name of each group below. If you need more space, attach the names of the other group(s) on a separate sheet(s) of paper.

Name of Group	Name of Group
1.	6.
2.	7.
3.	8.
4.	9.
5.	10.

9. Have you **ever** been a member of or in any way associated *(either directly or indirectly)* with:

a. The Communist Party? ☐ Yes ☐ No

b. Any other totalitarian party? ☐ Yes ☐ No

c. A terrorist organization? ☐ Yes ☐ No

10. Have you **ever** advocated *(either directly or indirectly)* the overthrow of any government by force or violence? ☐ Yes ☐ No

11. Have you **ever** persecuted *(either directly or indirectly)* any person because of race, religion, national origin, membership in a particular social group or political opinion? ☐ Yes ☐ No

12. Between March 23, 1933 and May 8, 1945, did you work for or associate in any way *(either directly or indirectly)* with:

a. The Nazi government of Germany? ☐ Yes ☐ No

b. Any government in any area (1) occupied by, (2) allied with, or (3) established with the help of the Nazi government of Germany? ☐ Yes ☐ No

c. Any German, Nazi, or S.S. military unit, paramilitary unit, self-defense unit, vigilante unit, citizen unit, police unit, government agency or office, extermination camp, concentration camp, prisoner of war camp, prison, labor camp or transit camp? ☐ Yes ☐ No

C. Continuous Residence.

Since becoming a Lawful Permanent Resident of the United States:

13. Have you **ever** called yourself a "nonresident" on a Federal, state or local tax return? ☐ Yes ☐ No

14. Have you **ever** failed to file a Federal, state or local tax return because you considered yourself to be a "nonresident"? ☐ Yes ☐ No

Parte 10. Preguntas adicionales. (Continuación)

Escriba su número USCIS "A"- aquí:
A

B. Afiliaciones.

8. a ¿Alguna vez ha sido miembro de o ha sido asociado con alguna organización, asociación, fondo fundación, partido, club, sociedad o grupo similar en los Estados Unidos o en otro lugar? ☐ Sí ☐ No

b. Si contestó "Si", nombre cada grupo abajo. Si necesita más espacio, incluya los nombres de los otros grupos en una hoja de papel separada.

Nombre del Grupo	Nombre del Grupo
1.	**6.**
2.	**7.**
3.	**8.**
4.	**9.**
5.	**10.**

9. Alguna vez ha sido miembro o ha sido afiliado de cualquier manera *(directa o indirecta)* con:

a. ¿El Partido Comunista? ☐ Sí ☐ No

b. ¿Algun otro Partido Totalitario? ☐ Sí ☐ No

c. ¿Alguna organización terrorista? ☐ Sí ☐ No

10. ¿Alguna vez ha usted promovido *(directamente o indirectamente)* el derrocamiento de algun gobierno por fuerza o violencia? ☐ Sí ☐ No

11. ¿Alguna vez ha perseguido *(directamente o indirectamente)* a alguna persona por razones raciales, religiosas, de origen nacional, membresía en un grupo social u opinión política? ☐ Sí ☐ No

12. Entre marzo 23, 1933 y mayo 8, 1945, trabajó o se asoció de alguna manera *(directa o indirecta)* con:

a. ¿El gobierno Nazi de Alemania? ☐ Sí ☐ No

b. ¿Algun gobierno en un área (1) ocupada por, (2) aliada con, o (3) establecida con la ayuda de el gobierno Nazi de Alemania? ☐ Sí ☐ No

c. ¿Algun Aleman, Nazi, unidad militar S.S., unidad paramilitar, unidad de defensa propia, unidad vigilante, unidad civil, unidad de policia, agencia gubernamental, campo de exterminación, campo de concentración campo de prisoneros de guerra, prisión, campo de labor, o campo transitorio? ☐ Sí ☐ No

C. Residencia Contínua.

Desde que se convirtió en Residente Permanente Legal de Los Estados Unidos:

13. ¿Alguna vez se ha llamado usted un "no-residente" en alguna forma de impuestos federal, estatal o local? ☐ Sí ☐ No

14. ¿Alguna vez ha dejado de enviar una forma de impuesto federal, estatal o local porque se ha considerado como un "no-residente"? ☐ Sí ☐ No

Part 10. Additional questions. (Continued.)

Write your USCIS "A"- number here:
A

D. Good Moral Character.

For the purposes of this application, you must answer "Yes" to the following questions, if applicable, even if your records were sealed or otherwise cleared or if anyone, including a judge, law enforcement officer or attorney, told you that you no longer have a record.

15. Have you **ever** committed a crime or offense for which you were **not** arrested? ☐ Yes ☐ No

16. Have you **ever** been arrested, cited or detained by any law enforcement officer (including USCIS or former INS and military officers) for any reason? ☐ Yes ☐ No

17. Have you **ever** been charged with committing any crime or offense? ☐ Yes ☐ No

18. Have you **ever** been convicted of a crime or offense? ☐ Yes ☐ No

19. Have you **ever** been placed in an alternative sentencing or a rehabilitative program (for example: diversion, deferred prosecution, withheld adjudication, deferred adjudication)? ☐ Yes ☐ No

20. Have you **ever** received a suspended sentence, been placed on probation or been paroled? ☐ Yes ☐ No

21. Have you **ever** been in jail or prison? ☐ Yes ☐ No

If you answered "Yes" to any of Questions 15 through 21, complete the following table. If you need more space, use a separate sheet (s) of paper to give the same information.

Why were you arrested, cited, detained or charged?	Date arrested, cited, detained or charged? *(mm/dd/yyyy)*	Where were you arrested, cited, detained or charged? *(City, State, Country)*	Outcome or disposition of the arrest, citation, detention or charge *(No charges filed, charges dismissed, jail, probation, etc.)*

Answer Questions 22 through 33. If you answer "Yes" to any of these questions, attach (1) your written explanation why your answer was "Yes" and (2) any additional information or documentation that helps explain your answer.

22. Have you **ever:**

- **a.** Been a habitual drunkard? ☐ Yes ☐ No
- **b.** Been a prostitute, or procured anyone for prostitution? ☐ Yes ☐ No
- **c.** Sold or smuggled controlled substances, illegal drugs or narcotics? ☐ Yes ☐ No
- **d.** Been married to more than one person at the same time? ☐ Yes ☐ No
- **e.** Helped anyone enter or try to enter the United States illegally? ☐ Yes ☐ No
- **f.** Gambled illegally or received income from illegal gambling? ☐ Yes ☐ No
- **g.** Failed to support your dependents or to pay alimony? ☐ Yes ☐ No

23. Have you **ever** given false or misleading information to any U.S. government official while applying for any immigration benefit or to prevent deportation, exclusion or removal? ☐ Yes ☐ No

24. Have you **ever** lied to any U.S. government official to gain entry or admission into the United States? ☐ Yes ☐ No

Parte 10. Preguntas adicionales. (Continuación.)

Escriba su número USCIS "A"- aquí:
A

D. Buen Carácter Moral.

Por el propósito de ésta aplicación, usted debe constestar "Si" a las siguientes preguntas, si le corresponde, aunque los documentos hayan sido sellados o aclarados o si alguien, incluyendo un juez, oficial de la ley o abogado, le dijo que usted ya no tiene antecedentes.

15. ¿Alguna vez ha cometido usted una ofensa o crimen por la cuál no fue arrestado? ☐ Sí ☐ No

16. ¿Alguna vez has sido arrestado, citado o detenido por un oficial de la ley por alguna razón (incluyendo USCIS o del antiguo INS y oficiales militares)? ☐ Sí ☐ No

17. ¿Alguna vez ha sido acusado de cometer una ofensa o crimen? ☐ Sí ☐ No

18. ¿Alguna vez ha sido sentenciado por una ofensa o crimen? ☐ Sí ☐ No

19. ¿Alguna vez se le ha asignado una sentencia alternativa o a un programa de rehabilitación (por ejemplo: desviación, persecución diferida, adjudicación retenida, adjudicación diferida)? ☐ Sí ☐ No

20. ¿Alguna vez ha recibido una sentencia suspendida o ha sido puesto bajo libertad condicional? ☐ Sí ☐ No

21. ¿Alguna vez ha estado en una cárcel o prisión? ☐ Sí ☐ No

Si contestó "Si" a alguna de las preguntas 15 hasta 21, complete la siguiente planilla. Si necesita más espacio, use una hoja de papel separada para proveer la misma información.

¿Por qué fue arrestado, citado, detenido o acusado?	¿Fecha cuando fue arrestado, citado, detenido o acusado? *(mes/día/año)*	¿Dónde fue arrestado, citado, detenido o acusado? *(Ciudad, Estado, País)*	Resultado o disposición del arresto cita, detención o cargo *(Cargos no remitidos, cargos despedidos, cárcel, etc.*

Conteste las preguntas 22 hasta 33. Si contestó "Si" a cualquiera de éstas preguntas, provea (1) su explicación por escrito de porque su respuesta fue 'Si" y (2) alguna información adicional o documentación que ayude a explicar su respuesta.

22. Alguna vez usted ha:

a. ¿Sido un borracho habitual? ☐ Sí ☐ No

b. ¿Sido una prostituta, o procurado a alguien para prostitución? ☐ Sí ☐ No

c. ¿Vendido o traficado con substancias controladas, drogas ilegales, o narcóticos? ☐ Sí ☐ No

d. ¿Sido casado con más de una persona al mismo tiempo? ☐ Sí ☐ No

e. ¿Ayudado a alguien a entrar a Los Estados Unidos ilegalmente? ☐ Sí ☐ No

f. ¿Apostado ilegalmente o recibido ganancias de apuestas ilegales? ☐ Sí ☐ No

g. ¿Fallado en sostener a sus dependientes o de proveer pensión alimenticia? ☐ Sí ☐ No

23. ¿Alguna vez ha dado información falsa o engañosa a algún oficial del gobierno estadounidense cuando aplicaba por algun beneficio migratorio o para prevenir la deportación, exclusión o removimiento? ☐ Sí ☐ No

24. ¿Alguna vez ha mentido a algún oficial del gobierno estadounidense para obtener entrada o admisión a Los Estados Unidos? ☐ Sí ☐ No

Part 10. Additional questions. (Continued.)

Write your USCIS "A"- number here:
A

E. Removal, Exclusion and Deportation Proceedings.

25. Are removal, exclusion, rescission or deportation proceedings pending against you? ☐ Yes ☐ No

26. Have you **ever** been removed, excluded or deported from the United States? ☐ Yes ☐ No

27. Have you **ever** been ordered to be removed, excluded or deported from the United States? ☐ Yes ☐ No

28. Have you **ever** applied for any kind of relief from removal, exclusion or deportation? ☐ Yes ☐ No

F. Military Service.

29. Have you **ever** served in the U.S. Armed Forces? ☐ Yes ☐ No

30. Have you **ever** left the United States to avoid being drafted into the U.S. Armed Forces? ☐ Yes ☐ No

31. Have you **ever** applied for any kind of exemption from military service in the U.S. Armed Forces? ☐ Yes ☐ No

32. Have you **ever** deserted from the U.S. Armed Forces? ☐ Yes ☐ No

G. Selective Service Registration.

33. Are you a male who lived in the United States at any time between your 18th and 26th birthdays in any status except as a lawful nonimmigrant? ☐ Yes ☐ No

If you answered "NO," go on to question 34.

If you answered "YES," provide the information below.

If you answered "YES," but you did not register with the Selective Service System and are still under 26 years of age, you must register before you apply for naturalization, so that you can complete the information below:

Date Registered (mm/dd/yyyy) ______ Selective Service Number ______

If you answered "YES," but you did not register with the Selective Service and you are now 26 years old or older, attach a statement explaining why you did not register.

H. Oath Requirements. *(See Part 14 for the Text of the Oath.)*

Answer Questions 34 through 39. If you answer "No" to any of these questions, attach (1) your written explanation why the answer was "No" and (2) any additional information or documentation that helps to explain your answer.

34. Do you support the Constitution and form of government of the United States? ☐ Yes ☐ No

35. Do you understand the full Oath of Allegiance to the United States? ☐ Yes ☐ No

36. Are you willing to take the full Oath of Allegiance to the United States? ☐ Yes ☐ No

37. If the law requires it, are you willing to bear arms on behalf of the United States? ☐ Yes ☐ No

38. If the law requires it, are you willing to perform noncombatant services in the U.S. Armed Forces? ☐ Yes ☐ No

39. If the law requires it, are you willing to perform work of national importance under civilian direction? ☐ Yes ☐ No

Parte 10. Preguntas adicionales. (Continuación.)

Escriba su número USCIS "A"- aquí:
A

E. Procedimientos de Remoción, Exclusión y Deportación.

25. ¿Hay procedimientos de remoción, exclusión, o deportación pendientes en su contra? ☐ Sí ☐ No

26. ¿Alguna vez ha sido removido, excluido, o deportado de Los Estados Unidos? ☐ Sí ☐ No

27. ¿Alguna vez ha sido ordenado a ser removido, excluido, o deportado de Los Estados Unidos? ☐ Sí ☐ No

28. ¿Alguna vez ha aplicado por una abstención de ser removido, excluido o deportado? ☐ Sí ☐ No

F. Servicio Militar.

29. ¿Alguna vez ha servido en las Fuerzas Armadas estadounidenses? ☐ Sí ☐ No

30. ¿Alguna vez ha salido de los Estados Unidos para prevenir ser enlistado en las Fuezas Armadas? ☐ Sí ☐ No

31. ¿Alguna vez ha aplicado por algún tipo de excepción al servicio militar estadounidense? ☐ Sí ☐ No

32. ¿Alguna vez ha desertado de las Fuerzas Armadas estadounidenses? ☐ Sí ☐ No

G. Servicio de Registración Selectiva.

33. ¿Es usted un varón que ha vivido cualquier tiempo en Los Estados Unidos durante sus 18 y 26 años de edad en cualquier estatus excepto como un no-imigrante legal? ☐ Sí ☐ No

Si contestó "No", continue en la pregunta 34.

Si contestó "Sí", provea la siguiente información abajo.

Si contestó "Sí", pero no se registró con el Servicio Selectivo y todavía es menor de 26 años de edad, usted debe registrarse antes de poder aplicar a la naturalización, para que pueda completar la información abajo.

Fecha de Registro (mes/día/año) ______ Número de Servicio Selectivo ______

Si contestó "Sí", pero no se registró con el Servicio Selectivo y tiene ahora 26 años de edad o más, incluya una declaración explicando porque no se registró.

H. Requerimientos de Juramento. *(Vea la parte 14 por el texto del juramento.)*

Responda a las preguntas 34 a 39. Si consta "No" a cualquiera de éstas preguntas, incluya (1) su explicación por escrito de porque su respuesta fue "No" y (2) cualquier información adicional que ayude a explicar su respuesta.

34. ¿Apoya usted la Constitución y la forma de gobierno de Los Estados Unidos? ☐ Sí ☐ No

35. ¿Entiende usted el Juramento de Alianza a los Estados Unidos? ☐ Sí ☐ No

36. ¿Está dispuesto a tomar el Juramento de Alianza a Los Estados Unidos? ☐ Sí ☐ No

37. ¿Si la ley lo requiere, está dispuesto a portar armas en nombre de Los Estados Unidos? ☐ Sí ☐ No

38. ¿Si la ley lo requiere, está dispuesto a desempeñar servicios de no combate en las fuerzas Armadas? ☐ Sí ☐ No

39. ¿Si la ley lo requiere, está dispuesto a desempeñar trabajo de importancia nacional bajo mando civil? ☐ Sí ☐ No

Part 11. Your signature.

Write your USCIS "A"- number here:
A

I certify, under penalty of perjury under the laws of the United States of America, that this application, and the evidence submitted with it, are all true and correct. I authorize the release of any information that the USCIS needs to determine my eligibility for naturalization.

Your Signature | Date *(mm/dd/yyyy)*

Part 12. Signature of person who prepared this application for you. *(If applicable.)*

I declare under penalty of perjury that I prepared this application at the request of the above person. The answers provided are based on information of which I have personal knowledge and/or were provided to me by the above named person in response to the *exact questions* contained on this form.

Preparer's Printed Name | Preparer's Signature

Date *(mm/dd/yyyy)* | Preparer's Firm or Organization Name *(If applicable)* | Preparer's Daytime Phone Number

Preparer's Address - Street Number and Name | City | State | Zip Code

NOTE: Do not complete Parts 13 and 14 until a USCIS Officer instructs you to do so.

Part 13. Signature at interview.

I swear (affirm) and certify under penalty of perjury under the laws of the United States of America that I know that the contents of this application for naturalization subscribed by me, including corrections numbered 1 through _____ and the evidence submitted by me numbered pages 1 through _____ , are true and correct to the best of my knowledge and belief.

Subscribed to and sworn to (affirmed) before me

Officer's Printed Name or Stamp | Date *(mm/dd/yyyy)*

Complete Signature of Applicant | Officer's Signature

Part 14. Oath of Allegiance.

If your application is approved, you will be scheduled for a public oath ceremony at which time you will be required to take the following oath of allegiance immediately prior to becoming a naturalized citizen. By signing, you acknowledge your willingness and ability to take this oath:

I hereby declare, on oath, that I absolutely and entirely renounce and abjure all allegiance and fidelity to any foreign prince, potentate, state, or sovereignty, of whom or which I have heretofore been a subject or citizen;

that I will support and defend the Constitution and laws of the United States of America against all enemies, foreign and domestic;

that I will bear true faith and allegiance to the same;

that I will bear arms on behalf of the United States when required by the law;

that I will perform noncombatant service in the Armed Forces of the United States when required by the law;

that I will perform work of national importance under civilian direction when required by the law; and

that I take this obligation freely, without any mental reservation or purpose of evasion; so help me God.

Printed Name of Applicant | Complete Signature of Applicant

Parte 11. Su Firma.

Escriba su número USCIS "A"- aquí:
A

Yo certifico, bajo la penalidad de perjurio bajo las leyes de Los E.E.U.U, que ésta aplicación, y la evidencia presentada con ésta, que todo es verdadero y correcto. Yo autorizo el uso de cualquier información que el USCIS necesite para determinar mi eligibilidad a la naturalización.

Su Firma

Fecha *(mes/día/año)*

Parte 12. Firma de la persona que preparó ésta aplicación por usted. *(Si aplica.)*

Yo declaro bajo la penalidad de perjurio que yo prepare ésta aplicación por solicitud a la persona mencionada arriba. Las respuestas proporcionadas son basadas en información que conozco personalmente y/o que me fue proporcionada por la persona mencionada en respuesta a las preguntas exactas contenidas en éste formulario.

Nombre del Preparador

Firma del Preparador

Fecha *(mes/día/año)*

Compañia u Organización del Preparador *(Si aplica)*

Número de teléfono del Preparador

Dirección del Preparador - Nombre y número de calle

Ciudad

Estado

Código Postal

NOTA: No complete las Partes 13 y 14 hasta que un oficial de USCIS le indique hacerlo.

Parte 13. Firma en la entrevista.

Yo juro (afirmo) y certifico bajo la penalidad de perjurio bajo las leyes de Los Estados Unidos que yo se que el contenido de ésta aplicación para naturalización presentada por mi, incluyendo correcciones numeradas 1 hasta _____ y la evidencia presentada por mi en las páginas numeradas 1 hasta ______, son verdaderas y correctas en lo mejor de mi conocimiento y creencia.

Presentada y jurada (afirmada) ante mí

Nombre del Oficial o Sello

Fecha *(mes/día/año)*

Firma completa del aplicante

Firma del Oficial

Parte 14. Juramento de Alianza.

Si su aplicación es aprobada, usted será citado a una ceremonia pública de juramento durante la cuál tendrá que hacer el siguiente juramento de alianza inmediatamente antes de convertirse en un ciudadano naturalizado. Al firmar, usted reconoce su voluntad y habilidad de hacer el juramento:

Yo aquí declaro, bajo juramento, que yo renuncio absolutamente y en su totalidad y abandono toda alianza y fidelidad a cualquier otro principe, potentado, estado o soberania extranjera, a la cuál he sido sujeto o ciudadano;

que apoyaré y defenderé la Constitución y leyes de Los Estados Unidos en contra de todos los enemigos, extranjeros y domésticos;

que tendré una fe verdadera y alianza a la misma;

que portaré armas en nombre de Los Estados Unidos cuando se requiera por la ley;

que desempeñaré servicios de no combatiente en las Fuerzas Armadas de los E.E.U;U cuando se requiera por la ley;

que desempeñaré trabajos de importancia nacional bajo dirección civil cuando se requiera por la ley; y

que tomo ésta obligación libremente, sin ninguna reservación mental o propósito de evasión; que Dios me ayude

Nombre del Aplicante

Firma del Aplicante

3.- La Residencia Permanente.

La naturalización es el proceso legal por medio del cual, un residente permanente se convierte en ciudadano de los Estados Unidos. La residencia se puede adquirir por medio de una petición familiar, por contrato de trabajo, asilo político, por lotería de visas, como refugiado, por emigrar como inversionista, etc.

Podemos considerar que una persona tiene tal calidad migratoria cuando ha entrado legalmente a la Unión Americana con el firme propósito de vivir aquí y después de cumplir con los trámites relativos a su caso particular, ha recibido del "Servicio de Ciudadanía e Inmigración de los Estados Unidos" (USCIS) su tarjeta de residencia permanente, también conocida como "tarjeta verde" (Green Card).

Para que el aspirante cumpla los 5 años de residencia continua que dispone la ley y pueda ser elegible a nacionalizarse como americano, deberá sumar el tiempo que haya estado presente físicamente en los EE.UU. para completar la cantidad requerida, es decir:

- Tener 5 años como residente permanente, sin haber salido de los Estados Unidos en viajes de más de 6 meses, con una "presencia física" en la Unión Americana de 30 meses cuando menos y de 3 meses en el estado donde haga su petición.
- Si se encuentra casado con un ciudadano americano, son 3 años como residente permanente sin haber salido en viajes de más de 6 meses, con una presencia física en los Estados Unidos de 18 meses y de 3 meses en el estado.

El número de días que la persona se ausente de territorio americano, deberán ser contados aunque sean viajes cortos. Los días parciales pasados en EE.UU. se cuentan como días completos.

El residente permanente tiene permiso para vivir y trabajar en los EE.UU. y puede entrar y salir libremente del territorio nacional, pero su ausencia no podrá prolongarse más tiempo del permitido legalmente, porque corre el riesgo de interrumpir o perder la continuidad de la residencia y tener que afrontar las consecuencias legales por ese abandono.

Los miembros de las Fuerzas Armadas que sirven en el exterior o las personas que trabajan en una nave propiedad de una empresa americana o los empleados de una institución internacional de la cual Estados Unidos es miembro, no tienen que cumplir con esta obligación[4]

Veamos el siguiente esquema:

a) Salir hasta 6 meses de los Estados Unidos es permitido y no perjudica el cómputo de 5 años continuos para aplicar al examen de ciudadanía;
b) Estar fuera de los EE.UU. por más de 6 meses, pero menos de un año hace que la continuidad de la residencia se interrumpa, por lo que cuando intente reingresar tendrá que demostrar su intención de conservarla y que tuvo razones fundadas para ausentarse por más tiempo del concedido legalmente.
c) La ausencia de territorio americano por más de un año hace que la continuidad de la residencia se pierda y que su tarjeta no sea considerada válida para reingresar a los Estados Unidos.

Para que pueda abandonar el territorio de la unión por un plazo mayor a un año, deberá pedir autorización al Servicio de Inmigración y Ciudadanía por medio de la forma N-470 para preservar la residencia con propósitos de naturalización (Application to preserve residence for naturalization purposes) y tendrá que justificar las causas o motivos de su viaje.

Si obtiene esta autorización, usted es elegible para reingresar al país, pero el tiempo que había acumulado como residencia continua se perderá. El Servicio de Inmigración y Ciudadanía le da un año completo el primer día de su regreso, así es que necesitará nuevamente para naturalizarse, 4 años con un día más y si esta casado con un ciudadano americano 2 años con un día.

Su estatus como Residente Permanente no expira, puede pasarse toda la vida con esa calidad migratoria. Su tarjeta de residencia si tiene un vencimiento, por lo general es de diez años. Pero no se confíe, si comete un crimen considerado una felonía, puede ser deportado aún cuando sea residente, y aún si se le ha otorgado la ciudadanía americana, la misma puede ser revocada si se descubre que usted mintió para obtenerla.

La fecha desde que usted es residente permanente se encuentra marcada en su tarjeta y también la de la expiración del documento, el cual deberá renovarse oportunamente.

---

[4] Idem

Figura 1 -- La tarjeta de Residencia Permanente (Anverso)

Figura 2 -- La tarjeta de Residencia Permanente (Reverso)

4.- La Declaración de Independencia

Cuando terminó la guerra librada por los ingleses en contra de los franceses e indios americanos (French and Indian War) en el año de 1763. La Corona Británica con el propósito de allegarse fondos para sufragar las deudas contraídas a raíz del conflicto bélico, expidió a través del parlamento inglés una serie de leyes de carácter impositivo que afectaron seriamente el comercio colonial. En aquella época se les conoció como "Las Leyes Intolerables" (Intolerable Acts). Dichas medidas propiciaron el surgimiento de un sentimiento de unión entre las colonias y de rebeldía con respecto a Inglaterra.

La independencia de los Estados Unidos de América de la Gran Bretaña se declaró en el Segundo Congreso Continental celebrado el día 4 de julio de 1776 en la ciudad de Filadelfia (Philadelphia). Esta declaración fue escrita por Thomas Jefferson.

La Declaración de Independencia se divide en:

I. El preámbulo, que establece que:
    1) La gente nace con derechos naturales (natural or inalienable rights) que le han sido otorgados por el creador.
    2) El pueblo tiene el derecho de cambiar al gobierno que le niegue estos derechos (The people can change their government if it hurts their natural rights).

II. Las razones de la democracia, en la cual se encuentra la idea principal de la Declaración de Independencia: "Todos los hombres han sido creados iguales" (All men are created equal). Sigue relatando que los derechos naturales son inalienables y forman parte misma de la naturaleza humana desde su nacimiento y son:
    1) El derecho a la vida (The right to life),
    2) El derecho a la libertad (The right to liberty) y
    3) El derecho a la búsqueda de la felicidad (The pursuit of happiness).

    Así mismo, reconoce que el poder del gobierno proviene del pueblo (The power of the government comes from the people).

III. Las razones de la independencia.

    En este fragmento se enumeran los actos tiránicos cometidos por el Rey Jorge III de Inglaterra en contra de las colonias, las razones por las que no deben obedecer a la Corona Británica y los motivos para emanciparse.

IV. La declaración formal.

En esta última parte, los congresistas declaran la independencia de las colonias, que renuncian a su fidelidad por la Corona Británica; invocando su derecho a contratar alianzas, establecer sus propios órganos de gobierno con sus leyes y su comercio; así como poder para declarar la guerra y firmar la paz como una nación independiente.

A todos los lideres políticos que firmaron la Declaración de Independencia se les conoce como "Los Padres Fundadores" (The Founding Fathers).

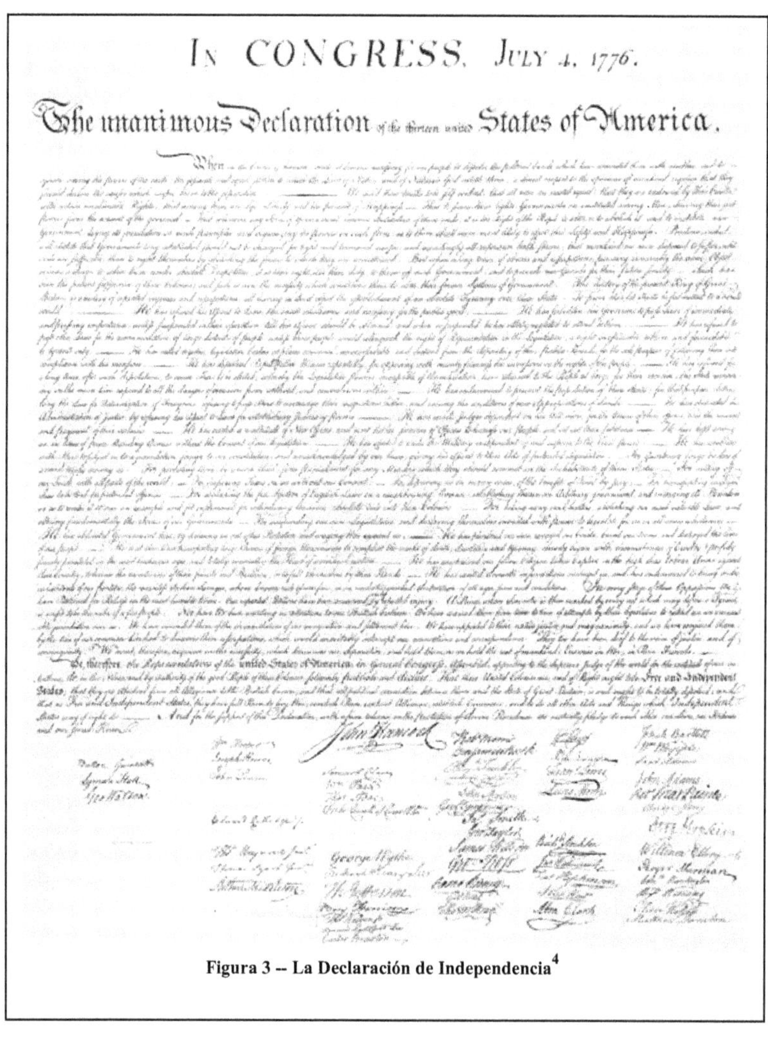

IN CONGRESS, JULY 4, 1776.

The unanimous Declaration of the thirteen united States of America.

Figura 3 -- La Declaración de Independencia[4]

[5] *Declaration of Independence.* The U.S. National Archives and Records Administration, http://www.archives.gov/historical-docs/document.html?doc=1&title.raw=Declaration%20of%20Independence

5.- La Constitución de los Estados Unidos de América

El día 17 de septiembre de 1787 se escribe el borrador de la Constitución federal en la ciudad de Filadelfia con la participación de 55 delegados coloniales que la firman y eligen como presidente de la Convención Constitucional a Jorge Washington, representante de Virginia. Se ratifica en junio de 1788.

La Constitución es la Ley Fundamental del País (The Supreme Law of the Land) que da origen a todas las demás leyes. Ninguna disposición legal puede estar encima de ella o contradecirla.

Sienta las bases de una democracia, representativa y federal, con tres ramas de gobierno (three branches of government); Ejecutivo, Legislativo y Judicial. Con un sistema de balances para evitar la preeminencia de algún poder sobre los otros (no single branch of government is too powerful); así como los derechos y obligaciones de los ciudadanos.

En el preámbulo, dice: "Nosotros la gente…" (We the people…). Lo anterior significa que la soberanía, que es el poder para gobernar, reside en el pueblo o la gente. En toda democracia el poder emana del pueblo (the power of government comes from the people) quienes eligen a sus gobernantes y autoridades mediante el voto.

La Constitución es un instrumento legal cambiante, que no permanece estático, sino que puede modificarse según las necesidades de un mundo que se transforma en todo momento. A estos cambios se les llaman enmiendas (amendments).

A las primeras diez enmiendas de la Constitución se les conoce como: "La Carta de derechos" (The Bill of Rights).

Las que establecen:

Primera:

- La libertad de Expresión (Freedom of speech).
- Religión (Freedom of religion).
- Reunión (Freedom to assembly).
- Prensa (Freedom of the press).
- Petición (Freedom to petition).

De estas libertades no sólo gozan los ciudadanos Americanos, sino cualquier persona que viva en los Estados Unidos (rights of everyone living in the U.S.).

Segunda:

- Libertad para portar armas (Right to bear arms).

Tercera:

- Prohíbe la ocupación de los hogares de la ciudadanía por la milicia.

Cuarta:

- Declara que nadie puede ser molestado en su persona, papeles, posesiones y derechos, sino es mediante un procedimiento con fundamento legal.

Quinta:

- Ninguna persona puede ser detenida sin que se le presenten cargos formales. Nadie puede ser juzgado dos veces por el mismo delito. Nadie puede ser condenado o privado de la vida, libertad o propiedades sin previo juicio. Nadie puede ser sujeto de expropiación pública sin indemnización.

Sexta:

- En todo proceso criminal, el acusado tiene derecho de ser oído en juicio público ante un jurado imparcial, de acuerdo a las leyes previamente establecidas, informado de la naturaleza de la acusación y confrontado con los testigos que depongan en su contra. A su vez, tiene derecho a ser asistido en su defensa y presentar testigos que declaren a su favor.

Séptima:

- De acuerdo al Derecho Común, si el valor de la controversia excede de $20 dólares, se tiene derecho a que el caso sea examinado en un procedimiento, y en caso de no estar de acuerdo con la decisión a que la misma se revise en una corte de apelación.

Octava:

- Se prohíbe la imposición de castigos crueles e inusitados.

Novena:

- Los derechos enumerados por la Constitución, no pueden ser interpretados para negar otros derechos retenidos por la gente.

Décima:

- Los poderes no delegados por la Constitución para la Federación, se entienden otorgados para los estados o para la gente (The states have all powers that the federal government does not).

Las enmiendas que se refieren al voto son:

Décima quinta:

- Los ciudadanos tienen derecho al voto sin tomar en cuenta su raza, color o condición social (citizens of any race can vote).

Décima novena:

- Se tiene derecho al voto sin considerar el sexo de los ciudadanos (Any male or female citizen can vote).

Vigésima cuarta:

- El derecho al voto no puede ser objeto de pago (People don't have to pay to vote).

Vigésima sexta:

- Todos los ciudadanos tienen derecho al voto a partir de que cumplen 18 años de edad (All registered citizens over 18 can vote).

La Constitución de los Estados Unidos de América tiene un total de 27 enmiendas.

6.- La Geografía

Los Estados Unidos de América se encuentran en el norte del continente americano; cuentan con una población de 303 millones de habitantes y tienen una superficie de 9,826,630 kilómetros cuadrados.[6]

La nación americana también ejerce su soberanía sobre diversos archipiélagos, islas, cayos e islotes que se ubican en los océanos Pacífico y Atlántico a los que se les denomina como: "Territorios Americanos". El idioma nacional es el inglés.

Figura 4 – Los Estados Unidos

- Su capital es Washington, D. C. (Distrito de Columbia), que se encuentra entre los estados de Maryland y Virginia, en la costa este.
- México se ubica en la frontera sur de los Estados Unidos (Mexico is on the southern border of the United States*)*.
- Los estados de la Unión Americana que hacen frontera con México son*:* Arizona, California, New Mexico y Texas.

---

[6] *The World FactBook.* CIA, https://www.cia.gov/library/publications/the-world-factbook/geos/us.html

- Canadá se sitúa en la frontera norte de los Estados Unidos (Canada is on the northern border of the United States).
- Los estados de la Unión Americana que hacen frontera con Canadá son:

  Alaska al norte de Canadá y en el norte de USA Idaho, Maine, Michigan, Minnesota, Montana, New Hampshire, New York, North Dakota, Ohio, Pennsylvania, Vermont y Washington en la costa oeste.
- El océano pacífico se localiza en la costa oeste de los Estados Unidos (The Pacific Ocean is on the west coast of the United States).
- Alaska es el estado número 49 de la Unión Americana y se encuentra al norte de Canadá
- El estado de Hawai se encuentra en la mitad del océano Pacífico (The state of Hawaii is located in the middle of the Pacific Ocean). Es el estado número 50 de la Unión Americana.
- El Gran Cañón se halla en Arizona en el Suroeste, a lo largo del rio colorado (The Grand Canyon is in Arizona in the Southwest, along the Colorado River).
- La Estatua de la Libertad esta ubicada en el puerto de Nueva York en la isla de la libertad en el rio Hudson (The Statue of liberty is in New York Harbor in Liberty Island on the Hudson River).
- Las cadenas montañosas mas importantes de los Estados Unidos (large mountains in the United States) son:
  - Las Montañas Rocosas (The Rocky Mountains).
  - Los Apalaches (The Appalachians).
  - La Sierra Nevada (The Sierra Nevada).
  - Las Cascadas (The Cascades).
- La montaña más alta de los EE.UU., es el Monte McKinley (The tallest mountain in the United States is Mount Mckinley).
- El río Missouri es el más largo de los Estados Unidos (The longest river in the US is the Missouri river).
- El río Mississippi es el más importante y el segundo más largo (The Mississippi river is the second largest river and the most important).

Figura 5 - Cadenas Montañosas de Los Estados Unidos

7.- El Gobierno

Los Estados Unidos de América se conforman por la unión de 50 estados en una República Democrática y Federal, con una economía capitalista de libre mercado (Capitalist and free market economy). Su capital es Washington D.C. (Distrito de Columbia).

Los gobernantes son elegidos mediante el voto de sus ciudadanos y el presidente por el colegio electoral.

La Constitución de los Estados Unidos es la Ley Suprema de la Unión que establece una división de poderes a nivel federal y local, con un sistema de equilibrio para evitar la preeminencia de alguno de ellos sobre los demás (No branch of government is too powerful).

Los poderes del estado se dividen en 3 ramas de gobierno: Ejecutivo, Legislativo y Judicial (The three branches or parts of the government: Executive, Legislative and Judicial) representados por el presidente (Ejecutivo), el Congreso (Legislativo) y las Cortes (Judicial).

El Presidente es el encargado del Poder Ejecutivo a nivel federal

El Congreso elabora las leyes federales y esta compuesto por:

a) El Senado.(The Senate) y

b) La Casa de Representantes (The House of Representatives).

Ambas legislaturas componen el Congreso (U.S. National Legislature).

La Bandera de Los Estados Unidos fue elaborada por primera vez, en mayo de 1776 por Betsy Ross, a quien se le conoce como "La madre fundadora" (The Founding Mother). Por iniciativa del congreso americano, el día 14 de junio de 1717, se aprueba la primer acta de la bandera, que se hace consistir en 13 franjas horizontales, que alternan en rojo y blanco y 13 estrellas en círculo con un fondo azul. Con el tiempo la bandera fue modificada, en la medida que nuevos estados ingresaban a la unión americana. El día 4 de julio de 1960, después de que el estado de Hawai entró a la unión como el estado numero 50, se adoptó la versión actual de la bandera, que se conforma con 13 franjas horizontales, que se alternan con 7 rojas y 6 blancas y 50 estrellas con un fondo azul.
Las franjas en la bandera representan las trece colonias originales y las estrellas los 50 estados de la unión.

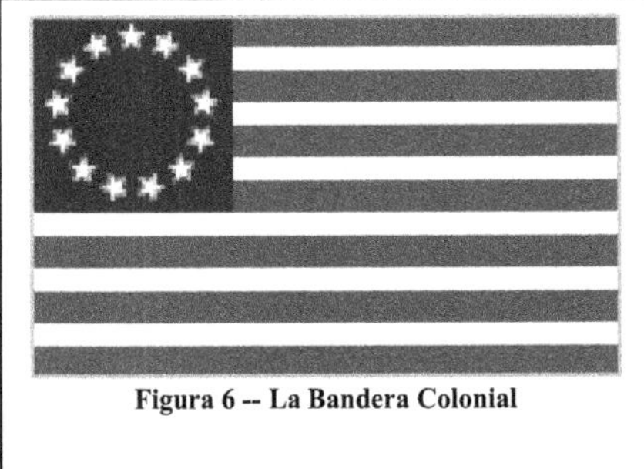

Figura 6 -- La Bandera Colonial

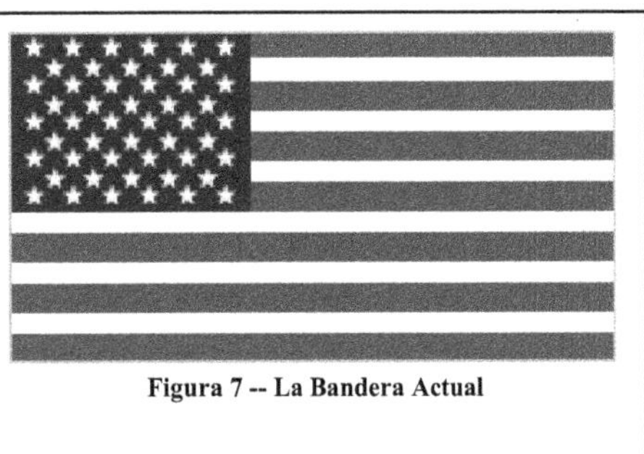

Figura 7 -- La Bandera Actual

El poder legislativo se ejerce por el Senado y La Cámara de Representantes y el poder judicial por la Suprema Corte de Justicia de la Nación a nivel federal; y, por las Cortes Estatales a nivel local. El poder ejecutivo se encarga de ejecutar las leyes. El titular del poder ejecutivo a nivel federal es el Presidente de los Estados Unidos de América.

La elección presidencial se determina por medio del voto indirecto de los colegios electorales. De acuerdo al tamaño y la población de cada estado corresponde la cantidad de votos electorales. De tal manera, que estados con una mayor población como New York o California tienen un mayor número de votos electorales que otros, como Nebraska o Iowa. Se necesitan 270 votos electorales para ganar la presidencia.

El período presidencial consta de 4 años de ejercicio (four years), con un Vicepresidente para igual término. Ambos cargos se pueden reelegir por una sola vez, por 4 años más. (The president can only serve two terms).

El presidente es el Comandante en Jefe de las Fuerzas Armadas (The President is the Commander-in-Chief of the military). Se encarga de firmar las iniciativas para convertirlas en ley (signs bills to become laws), nombra embajadores, jueces de la Suprema Corte y altos funcionarios federales. Así mismo el presidente tiene el poder del veto que significa que puede refutar, decir no o rechazar una ley enviada para su firma por el Congreso (The president's veto refuses, says no to, and rejects a bill).

Los requisitos para ser Presidente son:

1. Ser ciudadano americano por nacimiento (Must be born in U.S).
2. Tener 35 años cumplidos para el día de la elección.
3. Poseer 14 años de residencia mínima en el país.

Figura 8 -- La Casa Blanca

En caso de muerte, renuncia o inhabilidad del presidente, el vicepresidente lo sustituye en el cargo (The vice-president becomes president if the president can no longer serve).

Si el presidente y el vicepresidente se ven imposibilitados para ejercer, el Vocero de la Casa de Representantes toma el cargo de presidente (The speaker of the House becomes president if both the president and the vice-president can no longer serve).

El Gabinete presidencial.

Para cumplir adecuadamente con sus funciones el presidente se hace acompañar de un gabinete (The President's Cabinet) que se compone de 14 departamentos ejecutivos, que se encargan de aconsejar al presidente (advise the president) y son:

- Secretaría de Agricultura (Secretary of Agriculture).
- Secretaría de Comercio (Secretary of Commerce).
- Secretaría de Defensa (Secretary of defense).
- Secretaría de Educación (Secretary of Education).
- Secretaría de Energía (Secretary of Energy).
- Secretaría de Salud (Secretary of Health and Human Services).
- Secretaría de Seguridad Interna (Secretary of Homeland Security).
- Secretaría de Vivienda (Secretary of Housing and Urban Development).
- Secretaría del Interior (Secretary of the Interior).
- Secretaría de Estado (Secretary of State).
- Secretaría de Transportación (Secretary of transportation).
- Secretaría Del Tesoro (Secretary of the Treasury).
- Secretaría de los Veteranos de Guerra (Secretary of Veteran's Affaire).
- Abogado General (Attorney General).
- Secretaría del Trabajo (Secretary of Labor).

El órgano ejecutivo encargado de la política exterior de los Estados Unidos de América es la Secretaría de Estado (The State Department advises the President on foreign policy).

Poder Ejecutivo local

En los estados de la unión el poder ejecutivo se ejerce por los Gobernadores. Su elección se efectúa por medio del voto directo de los ciudadanos, usualmente el período gubernamental tiene una duración de 4 años, aunque hay algunos estados con un ejercicio de 2 años.

Los requisitos para ser gobernador estatal, son:

1. Ser ciudadano americano.
2. Haber residido un determinado tiempo en la entidad.

Los estados se dividen administrativamente en condados, municipalidades, distritos escolares y especiales.

Figura 9 -- La Suprema Corte de Justicia

El Poder Judicial.

Se encarga de interpretar las leyes. El sistema judicial se compone de 94 Cortes de Distrito en los estados de la unión, incluyendo al Distrito de Columbia en la capital del país. Estas cortes las preside un juez que es nombrado por el presidente y confirmado por el senado.

En un segundo nivel se encuentran las cortes de apelaciones, que conocen las apelaciones que provienen de las cortes inferiores. Se componen de 3 o más jueces que son nombrados por el presidente y ratificados por el senado. En el último nivel está la Corte Suprema de Justicia que conoce las apelaciones provenientes de las cortes federales, de disputas relacionadas con la interpretación de la Constitución y por último; de las enmiendas a la propia Carta Magna.

La Rama Judicial del Gobierno es la encargada de revisar e interpretar, resolver disputas y decidir si una ley es anticonstitucional (the judicial branch reviews, explains, resolves disputes and decides if a law goes against the Constitution). La Suprema Corte de Justicia de la Nación es el máximo tribunal (the highest court in the U.S.) y está compuesto por nueve jueces (has nine justices), que son nominados por el presidente y confirmados por el senado (nominated by the president and confirmed by the senate).

Poder Judicial local

En los estados de la unión encontramos que el poder judicial se ejerce en un nivel inferior en las cortes de jurisdicción limitada y especializada. Dentro de las que se incluyen las de tráfico, juveniles, domésticas y de reclamaciones. En general, se limitan a casos de menor cuantía, civiles y criminales. En un nivel inmediato superior, están las cortes intermedias de apelación que revisan los casos provenientes de las inferiores. Por lo general, se forman por 3 o más jueces. En el último nivel, la máxima autoridad a nivel estatal es la Corte Suprema del Estado y cuyas decisiones son definitivas.

Figura 10 -- El Capitolio

El Poder Legislativo

Es el encargado de promulgar las leyes y se compone por el Senado (the Senate) y la Cámara de Representantes (House of Representatives) que juntos conforman el Congreso. Los miembros de ambas cámaras, son elegidos por medio del voto popular para períodos de 6 años en el Senado y por 2 en la Cámara de Representantes. A cada estado corresponden 2 senadores; por lo tanto, en el Congreso de los Estados Unidos hay 100 Senadores.

Los requisitos para ser elegible al Senado son:

1. Ser ciudadano americano, cuando menos con 9 años antes de la elección.
2. Tener 30 años de edad como mínimo.
3. Residir en el estado al que representará en el Senado.

Para la Cámara de Representantes, se requiere:

1. Ser ciudadano americano con 7 años como mínimo, antes de la elección.
2. Tener 23 años de edad cumplidos, antes de la elección.
3. Residir en el Estado al que representará en la Cámara.

Dicha Legislatura cuenta con 435 miembros. El número que corresponde a cada estado se determina de acuerdo a su densidad poblacional.

Balances de Poder

La Constitución de los Estados Unidos de América establece un sistema de inspecciones y balances en las tres ramas gubernamentales, otorgando a cada una de ellas facultades de aprobación o rechazo de las decisiones que tomen los otros poderes del estado, de esta manera los constitucionalistas americanos establecieron uno de los pilares de su democracia al impedir que algún poder del estado tenga preeminencia sobre los demás (no branch of government is too powerful).

El Presidente (poder ejecutivo) tiene facultades para:

- Vetar una ley del Congreso (the president can veto a bill passed by congress).
- Convocar a sesiones extraordinarias e iniciar proyectos de ley.
- Nombrar a los jueces federales y otorgar perdón a ofensores.

A su vez, ***El Congreso*** (poder legislativo) tiene facultades para:

- Juzgar y remover al presidente.
- Superar los vetos presidenciales.
- Aprobar el presupuesto (Congress approves the president's budget).
- Negarse a confirmar los nombramientos hechos por el ejecutivo federal (Congress can reject the president's nomination).
- Rechazar los tratados internacionales.

- El Congreso tiene facultades para: Establecer los salarios de los jueces, procesar y remover a los jueces federales, confirmar a los jueces de la Suprema Corte (The Senate confirms Supreme Court Justices).

Y ***La Corte*** (poder judicial) puede:

- Declarar inconstitucional los actos del presidente.
- Determinar que una ley pasada por el Congreso es inconstitucional (The Supreme Court can strike down a law).

Los poderes que la Constitución de los Estados Unidos no otorga a la federación se entienden delegados para los estados.

Los poderes de la Federación son:

- Imprimir dinero.
- Declarar la guerra.
- Crear el ejército.
- Celebrar tratados.

Y los poderes de los estados:

- Proveer escuelas y educación a sus gobernados.
- Establecer los departamentos de policía y de bomberos.
- Expedir licencias de conducir.
- Zonificar el suelo y regular su uso.

8.- Preguntas y respuestas del nuevo examen de ciudadanía. (Inglés, Civismo, Gobierno e Historia).

Cuando el Buró Federal de Investigaciones (FBI) haya concluido positivamente la averiguación respecto de su historial, se le llamará para la entrevista. Acudirá al lugar, en el día y la hora señalados, por lo menos con dos identificaciones oficiales como son: tarjeta de residencia, licencia de manejar, pasaporte o identificación de vehículos y motores.

Se le formularán al azar diez preguntas obligatorias del Gobierno, Civismo y la Historia de los Estados Unidos. Con 6 correctas que tenga, será suficiente para pasarlo.

En algunas respuestas le pedirán una sola de las opciones, pero en otras deberá dar dos. Tomará el examen y esperará el resultado del mismo. Si es aprobado, esperará por una cita para la "Ceremonia de Juramentación". Si le reprobaron y quiere examinarse nuevamente, tendrá que repetir todo el procedimiento desde la presentación del formulario N-400 hasta las fotografías, las huellas y el pago del arancel.

Si es rechazado podrá apelar dentro de los treinta a sesenta días posteriores a la entrevista y si no está de acuerdo con la decisión, tendrá derecho de apelar nuevamente y llevar su caso hasta una Corte de Distrito. Finalmente, el procedimiento también se puede suspender por no haber enviado a la autoridad migratoria algún o algunos de los documentos que se le hayan requerido.

El Servicio de Inmigración y Ciudadanía de los Estados Unidos, (USCIS) a partir del primero de octubre del 2008, comenzó la implementación a nivel nacional del nuevo examen rediseñado para la naturalización americana.

Las personas interesadas que aplicaron antes de esa fecha, pero que tengan la entrevista después del primero de octubre, tendrán la opción de tomar el antiguo examen o el nuevo, según sea su preferencia.

A su vez, el antiguo examen de Ciudadanía dejó de aplicarse el primero de octubre del 2009 y con posterioridad a esta fecha, todos los interesados que se inscriban deberán tomar el nuevo examen rediseñado.

El examen de inglés.

El interesado deberá tener la habilidad de hablar, leer y escribir el idioma inglés de una manera básica o elemental.

El examen oral comienza cuando el oficial del USCIS se dirige a usted y le conversa respecto a asuntos personales y a los datos que puso en su solicitud de naturalización N-400. De la manera en que responda, estará siendo evaluado respecto de su capacidad para hablar en dicho idioma. A continuación le presentamos el juramento que tendrá que tomar (seguido por su pronunciación simulada y su traducción):

"Please stand up and raise you right hand. Do you swear to tell the truth, the whole truth, and nothing but the truth?" (Plís stánd op and ráiz iúr ráit jand. Dú iú suéar tú tel dá trút dí jóle trút and nozhing bot de trút).

"Póngase de pie por favor y levante su mano derecha. "¿Jura usted decir la verdad, toda la verdad y nada más que la verdad? Usted puede contestar: **"**Yes, I do" (iés ái dú) Si, yo lo hago.

Preguntas en inglés	**Pronunciación simulada**	**Traducción al español**
What is your name?	uát is ióur néim	¿Cuál es su nombre?
Do you understand what I say?	dú iú onderstan uát aí séi	¿Entiende lo que yo le digo?
Do you have an ID?	dú iú jav an aídí	¿Tiene alguna identificación?
What is your telephone number?	uát is iúr télefon nómber	¿Cuál es tu número de teléfono?
Where do you live?	uér dú iú liv	¿Dónde vives?
What is your work/home/ cell phone number?	uát is iúr uórk/ jom/ sel/ fon nómber	¿Cuál es el teléfono de su trabajo/casa/ celular?
When did you ...?	uén did iú	¿Cuándo tú hiciste...?
What is you current...?	uát is ióur current	¿Cuál es su actual...?

How many…do you have?	jáu méni…dú iú jáb	¿Cuántos …tiene?
How long…?	jáu long…	¿Hace cuánto…?
What is your address?	uát is iúr adres	¿Cuál es su dirección?
How old are you?	jáu ol ar iú	¿Qué edad tiene?
Where and when were you born?	uér an uén uér iú born	¿Dónde y cuándo nació?
When did you arrive to the United States?	uén did iú arráib tú dí iúnairestéits	¿Cuándo llegó a los Estados Unidos?
Do you want to change your name?	dú iú guónt tú chéinsh iúr néim	¿Desea cambiar su nombre?
How do you support yourself?	jaú dú iú supórt iúrself	¿De qué vive?
What is your job?	uát is iúr yab	¿Cuál es su trabajo?
Can you write in English?	can iú ráit in ínglish	¿Puede escribir en inglés?
Can you speak English?	can iú spik ínglish	¿Puede hablar inglés?
Where do you come from?	uér dú iú com from	¿De dónde viene?
How long have you lived in United States?	jaú lón jav iú livd in dí iúnáirestéits	¿Por cuánto tiempo ha vivido en los Estados Unidos?
In what port did you arrive to America?	in uát port did iú arráivd tú américa	¿En que lugar usted entró a América?
When did you become a permanent resident?	uén did iú bicóm éi permanent résident	¿Cuándo se convirtió en residente permanente?
What is your occupation?	uát is iúr ocupéishon	¿Cuál es su ocupación?
Did you leave the United States?	did iú liv dí iúnáirestéits	¿Tú abandonaste los Estados Unidos?
Have you visited other countries?	jab iú vísired oder cóuntris	¿Ha visitado algún otro país?

Where have you lived?	uér jav iú livd	¿Dónde ha vivido Usted?
Have you ever been …?	jab iú ever bín	¿Alguna vez ha estado o sido…?
How many times…?	jáu méni táims	¿Cuántas veces…?
What is your…?	uát is iúr	¿Cuál es su…?
Are you married?	ar iú márried	¿Está casado?
When did you marry?	uén did iú márri	¿Cuándo se casó?
Have you been married before?	jab iú married bifoar	¿Ha estado casado anteriormente?
Do you have any children?	dú iú jab éni children	¿Tiene hijos?
Have you ever had any legal problem?	jav iú ever jad éni lígal problem	¿Ha tenido alguna vez problemas legales?
Have you ever been in a mental institution?	jab iú ever bin in mental institúshon	¿Ha estado alguna vez en una institución mental?
Do you owe any Federal Taxes?	dú iú óu éni federal tacses	¿Debe impuestos federales?
Have you ever been in jail?	jab iú ever bin in jéil	¿Alguna vez ha estado en prisión?
Do you believe in the Constitution and form of government of the United States?	dú iú bíliv in dí constitúshon and form of government of dí iunáiréistéits	¿Cree en la Constitución y forma de gobierno de los Estados Unidos?
Did you register for the Selective Service?	did iú reyister for dí selectív sérvis	¿Se ha registrado en el Servicio Selectivo?
Do you know what the Oath of Allegiance is?	dú iú nóu uát is dí out of aleyiánse	¿Entiende lo que es juramento de alianza a los Estados Unidos?
Are you willing to take the Oath of Allegiance?	ar iú uíling tú téik dí out of aleyiánse	¿Está dispuesto a tomar el juramento de alianza?
Are you willing to bear arms for the United States?	ar iú tú bér arms for dí iúnáirestéits	¿Portaría armas en nombre de los estados Unidos?

A continuación le mostramos algunas posibles respuestas que usted le puede dar al oficial de inmigración encargado de examinarlo; no es necesario que abunde en explicaciones, con contestar Sí (Yes) o No en la mayoría de ellas será suficiente.

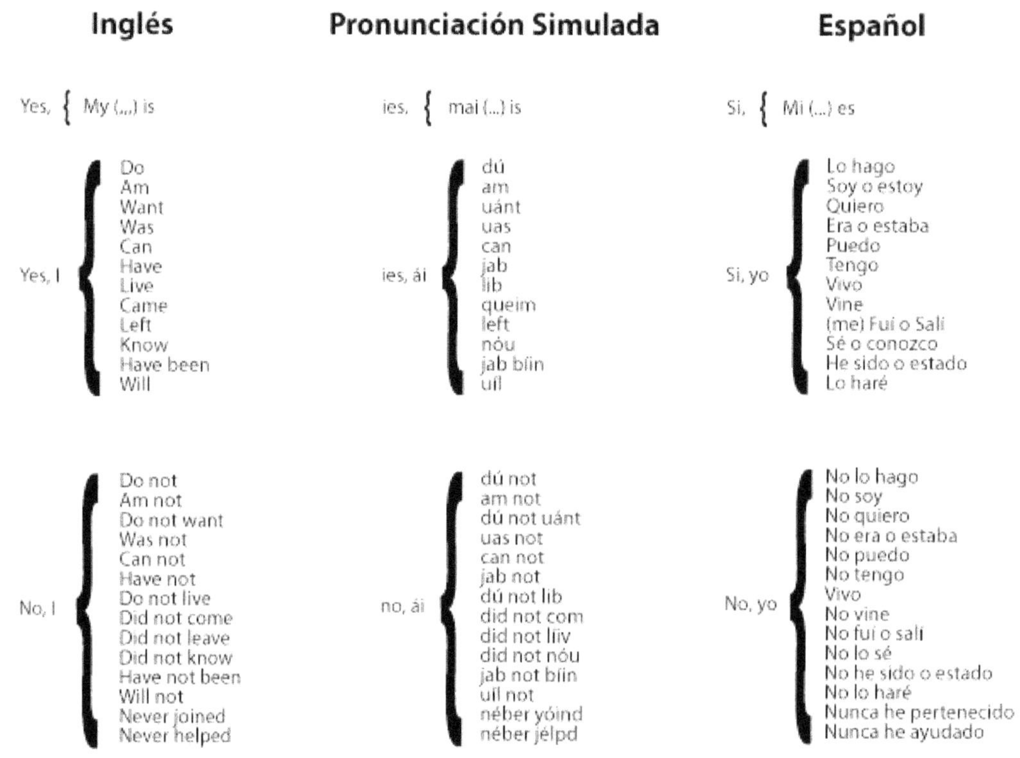

Inglés		Pronunciación Simulada		Español	
Yes,	My (...) is	ies,	mai (...) is	Si,	Mi (...) es
Yes, I	Do	ies, ái	dú	Si, yo	Lo hago
	Am		am		Soy o estoy
	Want		uánt		Quiero
	Was		uas		Era o estaba
	Can		can		Puedo
	Have		jab		Tengo
	Live		lib		Vivo
	Came		queim		Vine
	Left		left		(me) Fuí o Salí
	Know		nóu		Sé o conozco
	Have been		jab bíin		He sido o estado
	Will		uíl		Lo haré
No, I	Do not	no, ái	dú not	No, yo	No lo hago
	Am not		am not		No soy
	Do not want		dú not uánt		No quiero
	Was not		uas not		No era o estaba
	Can not		can not		No puedo
	Have not		jab not		No tengo
	Do not live		dú not lib		Vivo
	Did not come		did not com		No vine
	Did not leave		did not liiv		No fui o salí
	Did not know		did not nóu		No lo sé
	Have not been		jab not bíin		No he sido o estado
	Will not		uíl not		No lo haré
	Never joined		néber yóind		Nunca he pertenecido
	Never helped		néber jélpd		Nunca he ayudado

Lectura y escritura.

Recuerde bien que debe practicar en una libreta o cuaderno la lectura en voz alta de oraciones en inglés tomadas de las revistas, los diarios y del formulario N-400, también habrá que ejercitar la escritura de pequeños párrafos, tomando en cuenta los temas de Civismo, Gobierno e Historia del nuevo examen de ciudadanía y situaciones de la vida diaria.

El entrevistado contará con tres oportunidades para leer o escribir correctamente, cuando menos una de las frases u oraciones que se le indiquen.

Nombres de personas y lugares	Pronunciación Simulada
Abraham Lincoln	eibrajám lincón
George Washington	iórch uáshingtón
Adams	ádams
American Indians	américan índians
American Flag	américan flag
Bill of Rights	bil of ráits
Capital	cápital
Citizen	cítizen
Congress	Cóngres
Flag	flag
Father of Our Country	fáder of áuer kóuntri
Free	fríi
Freedom of speech	frídom of spich
Government	góberment
President	président
Senators	sénators
States	stéits
White House	uáit jáus
Alaska	aláska
California	cálifórnia
Canada	kánada
Delaware	délauer
Mexico	mécsico
New York City	níu iór síti
Washington D.C.	uáshintón dí ci
United States	iunáirestéits

Meses del año.

Frase en inglés	Pronunciación Simulada
January	**yánuary**
February	fébruary
March	march
April	éipril
May	méi
June	yun
July	yulái
August	ógost
September	septémber
October	octóuber
November	nobémber
December	decémber

Días de descanso.

Frase en inglés	Pronunciación Simulada
President's Day	présidents déi
Memorial Day	memórial déi
Flag Day	flag déi
Independence Day	indépendens déi
Labor Day	léibor déi
Columbus Day	colúmbus déi
Thanksgiving Day	tanksgívin déi

Palabras para interrogar.

Frase en inglés	Pronunciación	Traducción al español
How many	jáu méni	Cuántos
What	uát	Qué
Where	uér	Dónde
When	uén	Cuándo
Who	jú	Quien
Why	uái	Por qué

Verbos.

Frase en inglés	Pronunciación	Traducción al español
Do/Does	Du/das	Hacer
Can	can	Poder
Come	com	Venir
Elect	eléct	Elegir
Is	is	Es
Are	ar	Son
Was	uás	Fue

Be	bí	Ser
Lives	lívs	Vive
Lived	lívd	Vivió
Makes	méiks	Hacer
Meets	míits	Conocer/Reunir
Name	néim	Nombrar
Pay	péi	Pagar
Vote	vóut	Votar
Want	uánt	Querer
Have	jáb	Tienen
Has	jás	Tiene

Otras palabras usadas en el examen.

Frase en inglés	Pronunciación Simulada	Traducción al español
A	éi	Un/Una
And	and	Y
During	diúring	Durante
For	for	Para/Por
Here	jíer	Aquí
In	in	En/Dentro
Of	of	De
On	on	En/Sobre
The	dí	El/La/Los/Las
They	déi	Ellos/Ellas
To	tú	A/Para/Hacia
We	wúi	Nosotros
Blue	blú	Azul
Colors	cólors	Colores
Fifty	fífty	Cincuenta
First	férst	Primero
Largest	láryest	El/La/Los/Las más Grandes
Most	móust	El/La/Los/Las Más
North	north	Norte
One Hundred	uán jóndred	Cien
People	pípol	Gente
Red	Red	Rojo
Star	Star	Estrella
Second	second	Segundo
South	sáut	Sur
Stripes	stráips	Franjas
White	uáit	Blanco

Verbos auxiliares que se usan para preguntar, negar y afirmar.

Presente:

Pasado:

Futuro:

Ejercicios de lectura y escritura.

A continuación lea en voz alta y escriba en inglés en el espacio provisto:

The American flag has thirteen stripes.
dí américan flag jas tertín stráips

____

Congress meets in the Capitol
congres míits in dí cápitol

____

The United States has fifty states
dí iunáitstéits jab fífti stéits

____

I want to be an American citizen
ái guánt tu bí an américan cítizen

____

The American flag has 50 stars
dí américan flag jas fífti stars

____

Congress can declare War
congres can decláre guar

____

Congress is in Washington D.C.
congres is in uáshintón díi cíi

____

The President can serve two terms
dí president can serv tú terms

____

Betsy Ross made the American flag
betsi róus méid dí américan flag

____

The Pilgrims came to America for freedom
dí fílgrims queím tú américa for frídom

____

All American citizen have the right to vote
ol américan cítizen jab ráigt tú vóut

____

The President must have been born in the U.S.
dí president móust jab bíin born in dí iu es

____

The President lives in The White House
dí présìdent livs in dí uáit jáus

____

She was very happy with her new car
shi uás véri jápy gúit jer níu car

____

He worked in the factory
Ji uórked in dí fáctori

____

They bought a house close to the river
déi baugt éi jáus clos tu dí river

____

We lived in New York
úi livd in níu yor

____

They play at school
déi pléi at skul

____

That was our school
dat uás áuer scul

____

My mother gave me soup
mái móder géiv mi sup

____

It is around the corner
it is aráund dí corner

____

My father was fishing in the lake
mái fáder uás fishing in dí léik

____

That is very important for us
dat ís véri important for as

____

They swim in the pool
déi suím in da pul

____

We were eating our dinner
uí uér íting áuer díner

____

My uncle will be the new owner
mái onkl uíl bi dí níu óuner

____

The White House is in Washington D.C.
dí uáit jáus is in uáshintón díi cíi

The Statue of liberty is in the Hudson River
dí estáchu of líberti is in dí jódson ríber

The Grand Canyon is in Arizona
dí gránd cánon is in arizóna

Every State in the US has two Senators
évri estéit in dí iú es jas tu sénators

George Washington is the father of our Country
iórch uáshintón is dí fáder of áuer cóntri

George Washington was the first President
iórch uáshintón uás di ferst président

Abraham Lincoln was president during the Civil war
eibrajám líncon uás dí président diúring dí cívil guár

The Constitution is the Supreme Law of the land
dí constitúshon is dí suprím lóu of de land

Washington D.C. is the Capital of the United States
uáshintón díi cíi is dí cápital of the iunáirestéits

The Supreme Court can strike down a law
dí suprím cóurt can estráik dáun aí lóu

The Supreme Court has nine Justices
dí suprím cóurt jas náin yóstises

The American flag is red, white and blue
dí Américan flag is red uáit and blú

George Washington is the founding father
iórch uáshintón is dí fáunding fáder

Lincoln led the country during the Civil War
líncoln led dí cóntri diúring dí cívil guar

He is giving me a ride
ji is gíbing mí éi ráid

I drive my motorcycle
ái dráiv mái mótorsaikl

My aunt cooks for the whole family
mái ónt cúuks for dí jóul fámili

They speak in Spanish
déi espík in spánish

The children wanted to play
dí children guánted to pléi

I want to talk with all my friends
ai guánt tu tok uít ol mái frends

They have new uniforms

deí jab níu iúniforms

My television does not work
mái télevishón dósnot uórk

It is a very expensive car
it is ei véri expénsiv car

My sister has two children
mái sister jas tú chíldren

We go to the corner grocery
guí go tu dí corner gróceri

That is all for today
dat is ol for tudéi

Do you drink coffee every morning?
dú yu drink cófi évri mórning

Our children play football
áuer children pléi fútbol

Betsy Ross is the Founding mother
Bétsi róus is dí fáunding móder

George Washington was the first President
iórch uáshintón uás dí férst president

America is the land of the brave
américa is dí land of dí bréiv

The president can veto the law
dí président can vet dí ló

The government has three branches
dí góvernment jad tri bránches

The Senate confirms Supreme Court Justices
dí sénat confírms suprím cóurt jóstises

There are five plates in the table
der ar fáiv pléits in dí téibl

How old is your grandfather
jáu old is iúr granfáder

It is a beautiful day
it is á biúriful déi

We will rest next weekend
guí uíl rest nex guíken

My brother in law came to my house
mái broter in ló queim tu mái jaus

She went to the supermarket
shi uént tú dí súpermárket

Principios de la Democracia Americana (Principles of American Democracy)

1. - What is the supreme law of the land?	**1.- ¿Cuál es la Ley Suprema del País?**
The Constitution	*La Constitución*
2. - What does the Constitution do?	**2. - ¿Qué es lo que hace la Constitución?**
Defines the government	*Define el gobierno*
Protects the basics rights of Americans	*Protege los derechos básicos de los americanos*
3. - The idea of self-government is in the first three words of the Constitution. What are these words?	**3. - La idea de gobernarse así mismo se encuentra en las primeras tres palabras de la Constitución. Cuáles son esas palabras**
We the people	*Nosotros la Gente*
4. - What is an amendment?	**4. - ¿Qué es una enmienda?**
A change to the Constitution	*Un cambio en la Constitución*
5. - What do we call the first ten amendments to the Constitution?	**5. - ¿Cómo llamamos a las primeras diez enmiendas de la Constitución?**
The Bill of Rights	*La Carta de Derechos*
6. - What is one right or freedom from the First Amendment?	**6. - ¿Qué es un derecho o libertad de la primera enmienda?**
Freedom of Speech	*Libertad de expresión*
Freedom of Religion	*Libertad de religión*
Freedom of Assembly	*Libertad de reunión*
Freedom of the Press	*Libertad de prensa*
The Right to Petition the government	*Libertad de petición al gobierno*
7. - How many amendments does the constitution have?	**7. -¿Cuántas enmiendas tiene la Constitución?**
Twenty seven	*Veintisiete*

8. - What did the declaration of Independence do?

Announced our independence from Great Britain

8. -¿Qué hizo la declaración de Independencia?

Anunció nuestra independencia de la Gran Bretaña

9. - What are two rights in the Declaration of Independence?

The Right to Life

The Right to Liberty

The Right to the Pursuit of happiness

9. - Mencione dos derechos de la Declaración de Independencia

Derecho a la vida

Derecho a la libertad

Derecho a la búsqueda de la felicidad

10. - What is freedom of religion?

You can practice any religion or not practice a religion

10. - ¿Qué es La libertad de religión?

Tú puedes practicar cualquier religión o no practicar ninguna

11. - What is the economic system in the United States?

A capitalist economy

A market economy

11. - ¿Cuál es el sistema económico de los Estados Unidos?

Economía capitalista

Economía de mercado

12. - What is "The Rule of Law"?

Everyone must follow the law

Leaders must obey the law

Government must obey the law

No one is above the law

12. - ¿Cuál es la regla de la Ley?

Todos deben obedecer la Ley

Los líderes deben obedecer la Ley

El Gobierno debe obedecer la Ley

Nadie está encima de la Ley

Sistema de Gobierno (System of Government)

13. - Name one branch or part of the government

Congress

Legislative Branch

13. - Nombre una rama o parte del Gobierno

El Congreso

El Poder Legislativo

The President

Executive Branch

The Courts

Judicial Branch

El Presidente

El Poder Ejecutivo

Las Cortes

Poder Judicial

14. - What stops one Branch of government from becoming too powerful?

Checks and balances

Separation of powers

14. - ¿Qué impide que una rama del Gobierno tenga demasiado poder?

Los chequeos y balances

La separación de poderes

15. - Who is in charge of the executive branch?

The President

15. - ¿Quién es el encargado de la rama ejecutiva?

El Presidente

16. - Who makes the federal laws?

Congress

Senate and house of Representatives

U.S. Legislature

16. - ¿Quién elabora las leyes federales?

El Congreso

El Senado y la Casa de representantes

La legislatura de los Estados Unidos

17. - What are the two parts of the U.S. Congress?

The Senate and house of Representatives

17. - ¿Cuáles son las dos partes que forman el Congreso de los Estados Unidos?

El Senado y la Casa de representantes

18. - How many U.S. Senators are there?

One hundred

18. - ¿Cuántos miembros hay en el Senado?

Cien

19. - For how many years do we elect a U.S. Senator?

Six

19. - ¿Por cuántos años se elige a un senador de los Estados Unidos?

Seis

20. - Name one of the Senators from your state

Name one if you live in a state, otherwise you can say that where you live there are no senators.

20. - Nombre uno de los Senadores de su Estado

Mencione uno si reside en un estado o puede decir que donde vive no hay senadores.

21. - How many voting members are there on the House of Representatives?

Four hundred thirty-five

21. - ¿Cuántos miembros tienen la Casa de Representantes?

Cuatrocientos treinta y cinco

22. - For how many years do we elect a Representative?

Two years

22. - ¿Por cuánto tiempo elegimos a un Representante de los Estados Unidos?

Dos años

23. - Name your U.S. Representative?

If you live on a state name one. In the District of Columbia and the territories there are no representatives. You can name a Delegate or Commissary.

23. - Nombre uno de sus Representantes de los EE.UU.

Si reside en un estado mencione uno. En el Distrito de Columbia y los territorios no hay representantes. Puede nombrar al Delegado o Comisionado

24. - Who does a U.S. Senator represent?

All people of the state

24. - ¿A quién representa un Senador de los Estados Unidos?

A toda la gente de su Estado

25. - Why do some states have more Representatives than other states?

Because of the state's population

Because they have more people

Because some states have more people

25. - ¿Por qué algunos Estados tienen más Representantes que otros Estados?

Por la población del Estado

Porque ellos tiene más gente

Porque algunos estados tienen más gente.

26. - How many years do we elect the President for?

Four years

26. - ¿Por cuántos años elegimos a un Presidente?

Cuatro años

27. - In what month do we vote for President?

November

27. - ¿En qué mes elegimos Presidente?

Noviembre

28. - What is the name of the President of the Unites States now? *

Your answer will vary according to who's serving as President at the time of your exam

28. - ¿Cuál es el nombre del Presidente de los Estados Unidos, ahora? *

Su respuesta dependerá de acuerdo a quien este sirviendo como presidente cuando tome el examen

29. - What is the name of the Vice-President of the United States now?*

Your answer will vary according to who's serving as Vice-President at the time of your exam

29. - ¿Cuál es el nombre del Vicepresidente de los Estados Unidos, ahora? *

Su respuesta dependerá de acuerdo a quien este sirviendo como Vicepresidente cuando tome el examen

30. - If the president can no longer serve, who becomes President?

The Vice-president

30. - Si el Presidente no puede servir más, ¿quién se convierte en Presidente?

El Vicepresidente

31. - If both the President and the Vice President can no longer serve, who becomes President?

The Speaker of the House

31. - Si el Presidente y el Vicepresidente no pueden servir más, ¿quién se convierte en Presidente?

El Vocero de la Casa de representantes

32. - Who is the Commander in Chief of the military?

The President

32. - ¿Quién es el Comandante en Jefe de las Fuerzas Armadas?

El Presidente

33. - Who signs bills to become laws?

The President

33. - ¿Quién firma los proyectos para que se conviertan en leyes?

El Presidente

34. - Who vetoes bills?

The President

34. - ¿Quién puede vetar los proyectos de ley?

El Presidente

35. - What does the President's Cabinet do?

Advises the President

35. - ¿Qué hace el Gabinete presidencial?

Aconseja al Presidente

36. - What does the Judicial Branch of government do?

Reviews laws

Explains laws

Resolves disputes

Decides if a law goes against the Constitution

36. - ¿Qué es lo que hace la rama judicial del gobierno?

Revisa las leyes

Explica las leyes

Resuelve disputas

Decide si una ley va en contra de la Constitución

37. - What is the highest court in the United States?

The Supreme Court

37. - ¿Cuál es la más alta Corte en los Estados Unidos?

La Suprema Corte de Justicia

38. - What are two Cabinet-level positions?

Secretary of Agriculture

Secretary of Commerce

Secretary of Defense

Secretary of Education

Secretary of Energy

Secretary of Health and Human Services

Secretary of Homeland Security

Secretary of Housing and Urban Development

Secretary of Interior

Secretary of State

Secretary of transportation

Secretary of Treasury

Secretary of Veterans Affairs

Secretary of Labor

Attorney General

38. - Mencione dos posiciones del Gabinete presidencial

Secretario de Agricultura

Secretario de Comercio

Secretario de Defensa

Secretario de Educación

Secretario de Energía

Secretario de Salud y Servicios Humanos

Secretario de Seguridad Interna

Secretario de Vivienda y Desarrollo Humano

Secretario del Interior

Secretario de Estado

Secretario de Transportación

Secretario del tesoro

Secretario de asuntos de los Veteranos

Secretario de Trabajo

Abogado General

39. - How many justices are on the Supreme Court?

Nine

39. - ¿Cuántos jueces hay en la Suprema Corte de Justicia?

Nueve

40. - Who is the Chief Justice of the Supreme Court?[7]

John Roberts (John G. Roberts, Jr.)

40. - ¿Cuál es el Jefe de la Suprema Corte de Justicia? [7]

John Roberts (John G. Roberts, hijo)

[7] El cargo es vitalicio y termina con el retiro, incapacidad o muerte de su titular.

41. - According to our constitution, some powers belong to the federal government. What is one power of the federal government?

To print money

To declare war

To create an army

To make treaties

42. – According to our Constitution, some powers belong to the states. What is one power of the states?

Provide schooling and education

Provide protection (police)

Provide safety (fire departments)

Give a driver's license

Approve zoning and land use

43. - Who is the Governor of your state?

If you reside in a state, name the Governor, otherwise you can say that where you live there is no Governor

44. - What is the Capital of your state?

If you reside in a state or territory name the capital. The District of Columbia has no capital

45. - What are the two major political parties in the United States?

Democratic and Republican

41. – De acuerdo a nuestra Constitución, algunos poderes pertenecen al gobierno federal. ¿Cuál es un poder del gobierno federal?

Imprimir dinero

Declarar la guerra

Crear el ejército

Celebrar tratados

42. - De acuerdo a nuestra Constitución, algunos poderes le pertenecen a los estados. ¿Cuál es uno de esos Poderes?

Proveer escuelas y educación

Proveer protección policíaca

Proveer seguridad con Departamentos de Bomberos

Proveer licencias de conducir

Aprobar la zonificación y el uso de la tierra

43. - ¿Quien es el Gobernador de su Estado?

Si reside en un estado nombre al Gobernador, si no; puede decir que donde vive no hay Gobernador

44. - ¿Cuál es la Capital de su estado?

Si reside en un estado o territorio americano mencione su capital. El Distrito de Columbia no tiene capital

45. - Cuáles son los más grandes partidos políticos en los Estados Unidos?

El Demócrata y el Republicano

46. - What is the political party of the President now?

Your answer will vary depending on who's serving as president at the time of the exam

46. - ¿Cuál es el partido político del Presidente, ahora?

Su respuesta dependerá de quien esté ocupando el cargo de Presidente cuando usted tome el examen

47. - What is the name of the Speaker of the House or representatives now?

Your answer will vary according to who is serving as the Speaker of the House at the time of the exam

47. - ¿Cuál es el nombre del Vocero de la Casa de Representantes, ahora?

Su respuesta dependerá de quien esté ocupando el cargo cuando usted tome el examen

Derechos y responsabilidades (Rights and Responsibilities)

48. - There are four amendments to the Constitution about who can vote. Describe one of them

Citizens eighteen and older can vote

You don't have to pay (a poll tax) to vote

A citizen of any race or gender can vote

48. - Hay cuatro enmiendas en la Constitución respecto de quién puede votar. Describa una de ellas

Ciudadanos mayores de 18 años pueden votar

No hay que pagar para votar

Ciudadanos de cualquier raza o sexo pueden votar

49. - What is one responsibility that is only for United States citizens?

Serve on a jury

Vote

49. - ¿Cuál es una responsabilidad solamente para Ciudadanos Americanos?

Servir en un jurado

Votar

50. - What are two rights only for United States citizens?

Apply for a federal job

Vote

Run for office

Carry a U.S. passport

50. - ¿Cuáles son dos derechos solamente para ciudadanos de los Estados Unidos?

Aplicar para un trabajo federal

Votar

Ser elegido para un cargo público

Llevar un pasaporte de los Estados Unidos

51. - What are two rights of everyone living in the United States?

Freedom of expression

Freedom of speech

Freedom of assembly

Freedom to petition the government

Freedom of worship

The right to bear arms

52. - What do we show loyalty to when we say the pledge of allegiance?

The United States

The flag

53. - How old do citizens have to be to vote for President?

Eighteen or older

54. - When is the Last day you can send in federal income tax forms?

April 15

55. - What is one promise you make when you become a United States citizen?

Give up loyalty to other countries

Defend the Constitution and laws of the United States

Obey the laws of the United States

Serve in the U.S. military if needed

Serve do important work for the nation if needed

Be loyal to the United States

51. - ¿Cuáles son dos derechos que tiene cualquier persona que viva en los Estados Unidos?

Libertad de expresión

Libertad de hablar

Libertad de reunión

Libertad de petición al gobierno

Libertad de adoración

Libertad para portar armas

52. - ¿A qué le demostramos lealtad cuando hacemos el juramento de lealtad?

A los Estados Unidos

A la bandera

53. - ¿Qué edad necesita un ciudadano para votar para Presidente?

Dieciocho o más

54. - ¿Cuál es el último día para enviar la Declaración federal de impuestos?

15 de abril

55. - ¿Qué promesa hacemos cuando nos convertimos en ciudadanos americanos?

Dejar de ser leales a otros países

Defender la Constitución y las leyes de los EE.UU.

Obedecer las leyes de los Estados Unidos

Servir en la milicia de los EE.UU. si se necesita

Servir haciendo importante trabajo a la nación si se necesita

Ser leal a los Estados Unidos

56. - What are two ways that Americans can participate in their democracy?

56. - ¿Cuáles son dos caminos en los cuales los americanos pueden participar en la democracia?

Vote — *Votar*

Join a political party — *Pertenecer a un partido político*

Help with a campaign — *Ayudar en una campaña*

Join a civic group — *Pertenecer a un grupo cívico*

Join a community group — *Pertenecer a un grupo comunitario*

Give an elected official your opinion on an issue — *Dar a un oficial electo su opinión*

Call Senators and Representatives — *Hablar a los Senadores y Representantes.*

Publicly support or oppose an issue or policy — *Apoyar u oponerse a una política*

Run for office — *Buscar un cargo público*

Write to a newspaper — *Escribir a un periódico*

57. - When must all men register for the Selective Service?

57. - ¿Cuándo deben todos los hombres registrarse para el Servicio selectivo?

Between eighteen and twenty-six — *Entre los dieciocho y veintiséis años*

Período Colonial e Independencia (Colonial Period and Independence)

58. - What is one reason the colonists came to America?

58. - ¿Cuál es una de las razones por la que los colonialistas vinieron a América?

Freedom — *Libertad*

Political liberty — *Libertad política*

Religious freedom — *Libertad religiosa*

Economic opportunity — *Oportunidades económicas*

Practice their religion — *Practicar sus creencias religiosas*

Escape persecution — *Escapar de la persecución*

59. - Who lived in America before the Europeans arrived?

Native Americans

American Indians

59. - ¿Quiénes vivían en América antes de que los europeos llegaran?

Los nativos americanos

Los indios americanos

60. - What group of people was taken to America and sold as slaves?

The People from Africa

60. - ¿Qué grupo de gentes fueron traídas a América y vendidas como esclavos?

Gente de África

61. - Why did the colonist fight the British?

Because of high taxes (taxation without representation)

Because the British army stayed in their houses (Boarding, quartering)

Because they weren't allowed to govern themselves

61. - ¿Por qué los colonialistas pelearon con los británicos?

Por los impuestos tan altos y sin representación en el parlamento británico

Porque debían dar alojamiento a las fuerzas Británicas en sus casas

Porque ellos no los dejaban gobernarse por si mismos

62. - Who is the Father of Our Country?

George Washington

62. – ¿Quién es el padre de la nación?

George Washington

63. - When was the Constitution written?

1787

63. - ¿Cuándo se escribió la Constitución?

1787

64. - Who wrote the Declaration of Independence?

Thomas Jefferson

64. - ¿Quién escribió la Declaración de Independencia?

Thomas Jefferson

65. - When was the Declaration of Independence adopted?

July 4, 1776

65. - ¿Cuándo fue adoptada la Declaración de Independencia?

El 4 de Julio de 1776

66. -Name three of the 13 original states

New Hampshire

Massachusetts

66. - Nombre tres de los 13 estados originales

New Hampshire

Massachusetts

Rhode Island	*Rhode Island*
Connecticut	*Connecticut*
New York	*New York*
New Jersey	*New Jersey*
Pennsylvania	*Pennsylvania*
Delaware	*Delaware*
Maryland	*Maryland*
Virginia	*Virginia*
North Carolina	*North Carolina*
South Carolina	*South Carolina*
Georgia	*Georgia*
67. - What happened at the Constitutional Convention?	**67. - ¿Qué pasó durante la Convención Constitucional?**
The Constitution was written	*La Constitución fue escrita*
68. - Who was the first President?	**68. - ¿Quién fue el primer Presidente?**
George Washington	*George Washington*
69. - The federalist Papers supported the approval of the U.S. Constitution. Name one of the Writers	**69. - Los "Papeles Federalistas" apoyaban la aprobación de la Constitución. Nombre uno de sus autores**
James Madison	*James Madison*
Alexander Hamilton	*Alexander Hamilton*
John Jay	*John Jay*
Publius	*Publius*
70. - What was one of the things for which Benjamin Franklyn was famous for?	**70. - ¿Cuál fue una de las cosas por las qué Benjamín Franklin se hizo famoso?**
He was a US diplomat	*Diplomático de los Estados Unidos*
He was the oldest member of the Constitutional Convention	*El miembro más viejo de la Convención Constitucional*

Postmaster General of the Postal Service	*Primer Jefe General de correos de los Estados Unidos*
Writer of Poor Richard's Almanac	*Escritor del almanaque del pobre Richard*
Founded the first free libraries	*Dió inicio a las primeras bibliotecas gratuitas*

<u>1800's</u>

71. - What was an important thing that Abraham Lincoln did?	**71. - ¿Qué fue una cosa importante que Abraham Lincoln hizo?**
Freed the slaves (Emancipation Proclamation)	*Liberó a los esclavos*
Saved or preserved the Union	*Salvó y preservó la Unión*
Led the United States during the Civil War	*Lideró a los Estados Unidos durante la Guerra Civil*
72. - What territory did the United States buy from France in 1803?	**72. - ¿Qué territorio compraron los Estados Unidos a Francia en 1803?**
The Louisiana Territory	*El territorio de la Luisiana*
73. - Name one war fought by United States in the 1800s?	**73. - ¿Nombre una Guerra peleada por los EE.UU. en 1800?**
War of 1812	*Guerra de 1812*
Mexican-American war	*Guerra México Americana*
Civil war	*Guerra Civil*
Spanish-American war	*Guerra contra España*
74. - Name the U.S. war between the north and the south	**74. - ¿Nombre la Guerra de los Estados Unidos entre el Norte y el Sur?**
The Civil War	*La Guerra Civil*
75. - Name one problem that led to the Civil War	**75. - Nombre un problema que llevó a la Guerra Civil**
Slavery	*La esclavitud*
Economic reasons	*Razones económicas*

States' rights	*Los derechos de los estados*
76. - What did the Emancipation Proclamation do?	**76. - ¿Qué fue lo que hizo la Proclamación de Emancipación?**
Freed the slaves	*Liberó a los esclavos*
Freed the slaves in the Confederate states	*Liberó a los esclavos en la confederación*
Freed the slaves in the Southern states	*Liberó a los esclavos del Sur*
77. - What did Susan B. Anthony do?	**77. - ¿Qué fue lo que hizo Susan B. Anthony?**
Fought for civil rights	*Peleó por los derechos civiles*

<u>Historia Americana reciente y otra importante información histórica (Recent American history and other important historical information)</u>.

78. - Name one war fought by the United States in the 1900s?	**78. - ¿Nombre una guerra peleada por los Estados Unidos en 1900?**
World War I	*Primera guerra mundial*
World War II	*Segunda guerra mundial*
Korean War	*Guerra de Corea*
Vietnam War	*Guerra de Vietnam*
Persian Gulf War	*Guerra del Golfo Pérsico*
79. - Who was President during World War I?	**79. - ¿Quién fue Presidente durante la Primera Guerra Mundial?**
Woodrow Wilson	*Woodrow Wilson*
80. - Who was President during the Great Depression and World War II?	**80. - ¿Quién fue Presidente durante la Gran Depresión y la Segunda Guerra Mundial?**
Franklin Roosevelt	*Franklin Roosevelt*
81. - Who did the United States fight during World War II?	**81. - ¿Contra quién pelearon los EE.UU. en la Segunda Guerra Mundial?**
Japan, Germany, and Italy	*Japón, Alemania e Italia*

82. - Before he was President Eisenhower was a general. What war was he in?

World War II

82. - Antes de ser Presidente Eisenhower fue general. ¿En qué Guerra estuvo él?

En la Segunda Guerra Mundial

83. - What was the main concern of the United States during the Cold War?

Communism

83. -¿Cuál fue la principal preocupación de los EE.UU. durante la Guerra Fría?

El Comunismo

84. - What movement tried to end racial discrimination in the US?

Civil rights movement

84. - ¿Qué movimiento intentó terminar con la discriminación racial?

El movimiento de los derechos civiles

85. - What did Martin Luther King Jr. do?

Fought for civil rights

Worked for equal rights for all Americans

85. - ¿Qué fue lo que hizo Martin Luther King hijo?

Peleó por los derechos civiles

Trabajó por la igualdad para todos los americanos

86. - What major event happened on September 11, 2001 in the United States?

Terrorist attacked the United States

86. - ¿Qué gran evento sucedió el día 11 de Septiembre del 2001?

Los terroristas atacaron Estados Unidos

87. - Name one American Indian tribe in the United States?

Cherokee

Navajo

Sioux

Cheyenne

Choctaw

Huron

Apache

87. - ¿Nombre una tribu india-americana de los Estados Unidos?

Cherokee

Navajo

Sioux

Cheyenne

Choctaw

Huron

Apache

Geografía (Geography)

88. - Name one of the two longest rivers in the United States

Missouri river

Mississippi river

88. - ¿Nombre uno de los dos más grandes ríos de los Estados Unidos?

El Río Missouri

El Río Mississippi

89. - What Ocean is on the West Coast of the United States?

Pacific Ocean

89. - ¿Qué Océano se encuentra en la Costa Oeste de los Estados Unidos?

El Océano pacífico

90. - What Ocean is on the East Coast of the Unites States?

Atlantic Ocean

90. - ¿Qué Océano se encuentra en la Costa Este de los Estados Unidos?

El Océano Atlántico

91. - Name one U.S. territory

Puerto Rico

U.S. Virgin Islands

American Samoa

Northern Mariana Islands

Guam

91. - ¿Nombre un territorio de los EEUU?

Puerto Rico

Islas Vírgenes americanas

La Samoa Americana

Islas Marianas del Norte

Guam

92. - Name one state that borders with Canada.

Maine

New Hampshire

Vermont

New York

Pennsylvania

Ohio

Michigan

North Dakota

92. - ¿Nombre un estado que haga frontera con Canadá?

Maine

New Hampshire

Vermont

New York

Pennsylvania

Ohio

Michigan

North Dakota

Montana

Idaho

Washington

Alaska

Montana

Idaho

Washington

Alaska

93. - Name one state that borders with Mexico

California

Arizona

New Mexico

Texas

93. - ¿Nombre un estado que haga frontera con México?

California

Arizona

Nuevo México

Texas

94. - What is the capital of the United States?

Washington D.C.

94. - ¿Cuál es la capital de los estados Unidos?

Washington, Distrito de Columbia

95. - Where is the Statue of liberty?

New York Harbor

Liberty Island

(Also acceptable are New Jersey, near New York City, and on the Hudson River)

95. - ¿Dónde se encuentra la estatua de la libertad?

En el puerto de Nueva York

En la isla de la libertad

(También se acepta en Nueva Jersey, cerca de Nueva York y en el rió Hudson)

Símbolos (Symbols)

96. - Why does the flag have 13 stripes?

Because there were 13 originals colonies

Because the stripes represent the original colonies

96. - ¿Por qué la bandera tiene trece franjas?

Porque eran las trece colonias originales

Porque las franjas representan las colonias originales

97. - Why does the flag have 50 stars?

Because each star represents a state

Because there are 50 states

97. - ¿Por qué hay 50 estrellas en la bandera?

Porque cada estrella representa un estado

Porque hay 50 estados

98. - What is the name of the national anthem?

The Star-Spangled Banner

98. - ¿Cuál es el nombre del Himno Nacional?

Una bandera adornada de estrellas

Días festivos (Holidays)

99. - When do we celebrate Independence Day?

July 4

99. - ¿Cuándo celebramos el día de la Independencia?

El día 4 de Julio

100. - Name two national U.S. holidays

New Year's Day

Martin Luther King, Jr., Day

President's Day

Memorial Day

Independence Day

Labor Day

Columbus Day

Veterans Day

Thanksgiving Day

Christmas

100. - Nombre dos días de descanso en los Estados Unidos

Año Nuevo

El día de Martin Luther King, hijo.

El día de los Presidentes

El día de la Conmemoración

El día de la Independencia

El día del trabajo

El día de Cristóbal Colón

El día de los Veteranos

El día de acción de Gracias

El día de la Navidad

A continuación, le presentamos el examen de la Ciudadanía americana que dejó de implementarse a partir del primero de octubre del año 2009 el cual fue reemplazado por el examen que le hemos proporcionado en la sección anterior

1. - What are the colors of our flag?
Red, white and blue

2. - How many stars are there in flag?
50

3. - What color are the stars of our flag?
White

4. - What do the stars on the flag mean?
There is one for each state of the Union

5. - How many stripes are there in flag?
There are 13 stripes on the flag

6. - What color are the stripes on the flag
Red and white

7. - What do the stripes on the flag mean?
The original 13 states

8. - How many states are there in the Union?
There are 50 states in the Union

1. - ¿Cuáles son los colores de la bandera?
Rojo, blanco y azul

2. - ¿Cuántas estrellas hay en la bandera?
50

3. - ¿De qué color son las estrellas de la bandera?
Blancas

4. - ¿Qué significan las estrellas de la bandera?
Hay una por cada estado de la Unión

5. - ¿Cuántas franjas hay en la bandera?
Hay 13 franjas en la bandera

6. - ¿De qué color son las franjas en la bandera?
Rojo y blanco

7. - ¿Qué significan las franjas en la bandera?
Los 13 estados originales

8. - ¿Cuántos estados hay en la Unión?
Hay 50 estados en la Unión

9. - What is celebrated on the 4th of July?

Independence Day

9. - ¿Qué se celebra el 4 de julio?

El Día de la Independencia

10. - From which country did the United States gain their Independence?

England

10. - ¿De qué país los Estados Unidos se independizó?

Inglaterra

11. - What country did the United States fight during the revolutionary war?

England

11. - ¿Contra qué país lucharon los Estados Unidos en la Guerra Revolucionaria?

Inglaterra

12. - Who was the first president of the United States?

George Washington

12. - ¿Quién fue el primer presidente de los EE.UU.?

George Washington

13. - Who is the president of the United States today?

You must mention the name of the current president

13. - ¿Quién es el presidente de los Estados Unidos, ahora?

Usted debe mencionar el nombre del presidente actual

14. - Who is the vice-president of the United States today?

You must mention the name of the current vice-president

14. - ¿Quién es el vicepresidente de los EE.UU., ahora?

Mencione el nombre del vicepresidente actual

15. - Who elects the president of the United States?

The Electoral Collage

15. - ¿Quién elige al presidente de los Estados Unidos?

El Colegio Electoral

16. - What is the Constitution?

The supreme law of the country

16. – ¿Qué es la Constitución?

La ley suprema de la Nación

17. - For how long do we elect a president?

For 4 years

17. - ¿Por cuánto tiempo se elige al presidente?

Por 4 años

18. - Who becomes the president of the United States if the president dies?

The Vice-president

18. - Si el presidente muere, ¿quién toma su lugar?

El Vicepresidente

19. - Can the Constitution be changed?

Yes

19. - ¿La Constitución puede cambiarse?

Si

20. - What do we call a change to the Constitution?

An Amendment

20. - ¿Cómo se llama a un cambio en la Constitución?

Una enmienda

21. - How many Amendments have been done to the Constitution?

27

21. - ¿Cuántas enmiendas se le han hecho a la Constitución?

27

22. - How many branches are there in our government?

3 branches

22. - ¿Cuántas ramas hay en nuestro gobierno?

3 ramas

23. - What are these branches?

Executive, legislative and judicial

23. - ¿Cuáles son estas ramas?

Ejecutiva, legislativa y judicial

24. - What is the legislative branch of our government?

Congress

24. - ¿Cuál es la rama legislativa de nuestro gobierno?

El Congreso

25. - Who makes the laws in the United States?

Congress

25. - ¿Quién hace las leyes en los Estados Unidos?

El Congreso

26. - What makes up Congress?

The Senate and the House of Representatives

26. - ¿Qué instituciones constituyen el Congreso?

El Senado y La Cámara de Representantes

27. - What are the duties of Congress?

To make new laws

27. - ¿Cuáles son los deberes del Congreso?

Hacer nuevas leyes

28. - Who elects the members of Congress?

The people

28. - ¿Quién elige a los miembros del Congreso?

El pueblo

29. - How many senators are there in Congress?

100

29. - ¿Cuántos senadores hay en el Congreso?

100

30. - Can you name 2 senators from your state?

You must name 2 senators from your state or mention that where you live there are no senators

30. - ¿Puede nombrar 2 senadores de su estado?

Debe nombrar 2 senadores de su estado o responder que donde vive no hay senadores

31. - For how long do we elect each senator?

For 6 years

31. - ¿Por cuánto tiempo elegimos a cada senador?

Por 6 años

32. - How many representatives are there in Congress?

There are 435 representatives in Congress

32. - ¿Cuántos representantes hay en el Congreso?

Hay 435 representantes en el Congreso

33. - For how long do we elect the representatives?

2 years

33. - ¿Por cuánto tiempo elegimos a los representantes?

Por 2 años

34. - What makes up the executive branch of our government?

The president, cabinet and departments under the cabinet members

34. - ¿Cómo se constituye la rama ejecutiva de nuestro gobierno?

El presidente, el gabinete y departamentos bajo los miembros del gabinete

35. - What is the judicial branch of our government?

The Supreme Court

35. - ¿Cuál es la rama judicial de nuestro gobierno?

La Corte Suprema

36. - What are the duties of the Supreme Court?

To interpret the laws

36. - ¿Cuáles son los deberes de la Corte Suprema?

Interpretar las leyes

37. - What is the supreme law of the United States?

The Constitution

37. - ¿Cuál es la ley suprema en los Estados Unidos?

La Constitución

38. - What is the Bill of Rights?

The first 10 amendments to the Constitution

38. - ¿Qué es la Carta de Derechos?

Las primeras 10 enmiendas de la Constitución

39. - What is the Capital of your state?

You must name the capital of the state or territory where you reside

39. - ¿Cuál es la capital de su estado?

Debe mencionar la capital de su estado o del territorio donde resida

40. - Who is the current Governor or your state?

You must mention the name of the Current governor of your state or mention that where you live there is no Governor

40. - ¿Quién es el Gobernador actual de su estado?

Debe mencionar el nombre del actual gobernador de su estado o contestar que donde vive no hay Gobernador

41. - Who becomes president of the United States if the President and Vice-president can no longer serve?
The speaker of the House of Representatives

41. - ¿Quién se convierte en Presidente de los Estados Unidos si el Presidente y el Vicepresidente mueren?
El vocero de la Cámara de Representantes.

42. - Who is the Chief Judge of the Supreme Court? *
John G. Roberts Junior

42. - ¿Quién el Juez principal de la Corte Suprema? *
John G. Roberts Hijo

43. - Can you name the 13 original states?
Connecticut, Delaware, Georgia, Maryland, Massachusetts, New Hampshire, New Jersey, New York, North Carolina, South Carolina, Pennsylvania, Rhode Island and Virginia

43. - ¿Puede nombrar los 13 estados originales?
Connecticut, Delaware, Georgia, Maryland, Massachusetts, New Hampshire, New Jersey, New York, North Carolina, South Carolina, Pennsylvania, Rhode Island y Virginia

44. - Who said "Give me liberty, or give me death"?
Patrick Henry.

44. - ¿Quién dijo "Denme libertad, o denme la muerte."?
Patrick Henry?

45. - Which countries were our enemies during World War II?
Germany, Japan and Italy

45. - ¿Qué países fueron nuestros enemigos durante la segunda guerra mundial?
Alemania, Japón e Italia

46. - What are the 49th and 50th states of the Union?
Hawaii and Alaska

46. - ¿Cuáles son los estados 49 y 50 de la Unión?
Hawai y Alaska

47. - How many terms can a president serve?
For two terms

47. - ¿Por cuántos términos presidenciales puede un presidente ser electo?
Por dós términos

48. - Who was Martin Luther King Junior?
A civil rights activist

48. - ¿Quién fue Martin Luther King Hijo?
Un activista de los derechos civiles

49. - Who is the head of your local government?
The major

49. - ¿Quién es el líder de su gobierno local?
El Alcalde

50. - According to the Constitution, a person must meet certain requirements to be eligible to become President. Can you name some of these requirements?
1. - Must be a natural born citizen of United States
2. - Must be at least 35 years old
3. - Must have lived on the Unites States for at least 14 years

50. - De acuerdo a la Constitución, una persona debe pasar ciertos requisitos para ser elegible al cargo de presidente. ¿Puede usted Nombrar algunos de estos requisitos?
1.- Debe ser ciudadano americano, nacido en los EE.UU.
2.- Debe tener por lo menos, 35 años de edad.
3.- Debe haber vivido en los EE.UU. por lo menos por 14 años

51. - Why are there 100 senators in the Senate?
Because there are 2 senators per state

51. - ¿Por qué hay 100 senadores en el Senado?
Porque hay 2 senadores por estado

52. - Who nominates the Supreme Court Justices?
The president

52. - ¿Quién nomina a los jueces de la Corte Suprema?
El presidente

53. - How many Supreme Court Justices are there?
There are 9 Justices

53. - ¿Cuántos jueces hay en la Corte Suprema?
Hay 9 jueces

54. - What is the date of Independence Day?
July 4th

54. - ¿Cuándo se celebra la Independencia?
El día 4 de Julio

55. - Why did the Pilgrims come to America?
They were looking for religious freedom

55. - ¿Por qué vinieron los Peregrinos a América?
Estaban buscando libertad religiosa

56. - Who is the head of the executive government of the state?
The Governor

56. - ¿Quién es el líder del gobierno ejecutivo del estado?
El Gobernador

57. - Who is the head of the executive government of a city?
The Mayor

57. - ¿Quién en el líder del gobierno ejecutivo de una ciudad?
El Alcalde

58. - What was the first holiday celebrated by American Colonialists?
Thanksgiving

58. - ¿Cuál fue la primera celebración que tuvieron los colonizadores americanos?
El día de acción de gracias

59. - Who was the main writer of the Declaration of Independence?
Thomas Jefferson

59. - ¿Quién fue el escritor principal de la Declaración de Independencia?
Thomas Jefferson

60. - When was the Declaration of Independence adopted?
July 4th of 1776

60. - ¿Cuándo fue adoptada la Declaración de Independencia?
El 4 de Julio de 1776

61. - What is the basic belief of the Declaration of Independence?
That all men created equal

61. - ¿Cuál es el principio básico de la Declaración de Independencia?
Que todos los hombres son creados iguales

62. - What is the national anthem of the United States?
The Star Spangled Banner

62. - ¿Cuál es el himno nacional de los Estados Unidos?
La bandera adornada de estrellas

63. - Who wrote the Star Spangled Banner?

Francis Scott Key

64. - Who signs bills in to law?

The President

65. - What is the highest Court in the United States?

The Supreme Court

66. - . - Who was the president during the Civil War?

Abraham Lincoln

67. - . - What did the Emancipation Proclamation do?

Abolished slavery

68. - What special group advices the president?

The Cabinet

69. - Which president is called "Father of the Country"?

George Washington

70. - What is the minimum voting age in the United States?

18 years

63. - ¿Quién escribió el himno nacional?

Francis Scott Key

64. - ¿Quién confirma los proyectos de ley en leyes?

El Presidente

65. - ¿Cuál es la Corte más alta de los Estados Unidos?

La Corte Suprema

66. - ¿Quién fue el presidente durante la guerra civil?

Abraham Lincoln

67. - ¿Qué propósito tuvo la Proclamación de Emancipación?

Abolió la esclavitud

68. - ¿Qué grupo especial aconseja al presidente?

El Gabinete

69. - ¿A qué presidente se le llama "El padre de la patria"?

George Washington

70. - ¿Cuál es la edad mínima para votar en los Estados Unidos?

18 años

71. - What form is used to apply to become a naturalized citizen?
N-400

71. - ¿Cuál es la forma solicitada por el Servicio de Inmigración y Naturalización?
N-400

72. - Who helped the Pilgrims in America?
The American Indians

72. - ¿Quiénes ayudaron a los Peregrinos en América?
Los indios nativos americanos

73. - What is the name of the ship that brought Pilgrims to America?
The Mayflower

73. - ¿Cómo se llamaba el barco que trajo a los Peregrinos a América?
"El Mayflower"

74. - What were the 13 original states of the United States called?
Colonies

74. - ¿Cómo se les llamaba a los trece estados originales en Estados Unidos?
Colonias

75. - Who has the power to declare war?
Congress

75. - ¿Quién tiene el poder de declarar la guerra?
El Congreso.

76. - Name three rights or freedoms guaranteed by de Bill of Rights
Freedom of speech, press, religion and peaceful assembly
Right to bear arms
Right to a trial and to have a lawyer

76. - ¿Nombre tres derechos o libertades garantizados por la carta de Derechos?
Libertad de expresión, prensa, religión y reunión
Libertad para portar armas
Derecho a nombrar un abogado si se encuentra sujeto a juicio

77. - What kind of government does the United States have?
This is a Democratic Republic

77. - ¿Qué tipo de gobierno tiene los Estados Unidos?
Una República Democrática

78. - In what year was the Constitution written?
1787

78. - ¿En qué año se escribió la Constitución?
1787

79. - Which President freed the slaves?
Abraham Lincoln

79. - ¿Qué presidente liberó a los esclavos?
Abraham Lincoln

80. - What are the first ten amendments of the constitution called?
The Bill of Rights

80. - ¿Cómo se llaman las primeras diez enmiendas de la Constitución?
La Carta de Derechos

81. - Name one purpose of the United Nations?
For countries to discuss and try to solve problems
To provide economic aid to countries in need

81. - ¿Indique uno de los propósitos de las Naciones Unidas?
Que los países discutan y traten de resolver problemas
Proporcionar ayuda económica a países que lo necesiten

82. - Where does Congress meet?
In the Capitol in Washington D.C.

82. - ¿Dónde se reúne el Congreso?
En el Capitolio en Washington D.C.

83. - What is the United States Capitol?
The place where the Congress meets

83. - ¿Qué es el Capitolio de los Estados Unidos?
El lugar donde se reúne el Congreso

84. - Whose rights are guaranteed by the Constitution and Bill of Rights?
Everyone's; citizens or non-citizens living in the US

84. - ¿De quién son los derechos garantizados por la Constitución en la "Carta de derechos"?
De todos, ciudadanos y no ciudadanos que residan en los Estados Unidos

85. - What is the White House?
The President's official home

85. - ¿Qué es la Casa Blanca?
La casa oficial del Presidente

86. - What is the introduction to the Constitution called?
The Preamble

86. - ¿Cómo se llama la introducción a la Constitución?
El Preámbulo

87. - What is the most important right granted to United States citizens?
The right to vote

87. - ¿Cuál es el derecho más importante concedido a los ciudadanos de los EE.UU.?
El Derecho al voto

88. - What is one of the benefits of being a citizen of the United States?
Ability to obtain federal government jobs
Can travel with a U.S passport
Can petition for close relatives to live in the U.S.

88. - ¿Nombre una ventaja de ser ciudadano de los Estados Unidos
Trabajar en el gobierno federal
Viajar con pasaporte de los Estados Unidos
Pedir a familiares cercanos para que residan en los EE.UU.

89. - Where is the White House located?
1600 Pennsylvania Avenue N.W. Washington, D.C.

89. - ¿Dónde está ubicada la Casa Blanca?
1600 Avenida Pennsylvania, Noroeste Washington D.C.

90. - What is the name of the President's official Home?
The White House

90. - ¿Cómo se llama la residencia oficial del Presidente?
La Casa Blanca:

91. - Name one right guaranteed by the first Amendment
Freedom of speech, press, religion, and peaceful assembly

91. - ¿Nombre un derecho garantizado por la primera enmienda a la Constitución?
Libertad de expresión, prensa, religión y reunión pacífica.

92. - Who is the Commander in Chief of the US Armed forces?
The President

93. - Which President was the first Commander in Chief of the United States?
George Washington

94. - In what month is the new President inaugurated?
January

95. - In what month do we vote for President?
November

96. - How many times may a senator be re-elected?
There in no limit

97. - How many times may be a congressman be reelected?
There is no limit

98. - What are the two major political parties in the United States today?
Democratic and Republican

92. - ¿Quién es el Comandante en Jefe de la Fuerzas Armadas de los Estados Unidos?
El Presidente

93. - ¿Qué Presidente fue el primer General en Jefe de las Fuerzas Armadas de los Estados Unidos?
George Washington

94. - ¿En qué mes toma posesión el nuevo Presidente?
Enero

95. - ¿En qué mes votamos para Presidente?
Noviembre

96. - ¿Cuántas veces puede ser reelegido un senador?
No existe límite

97. - ¿Cuántas veces puede ser reelegido un representante?
No existe límite

98. - ¿Cuáles son los dos principales partidos políticos en los Estados Unidos actualmente?
Demócrata y Republicano

99. - How many states are there in the United States?

Fifty

100. - Can the President be elected for the third time?

No, he can only serve 2 terms

99. - ¿Cuántos estados hay en los Estados Unidos?

Cincuenta

100. - ¿Puede un Presidente ser elegido por tercera vez?

No, un Presidente solamente puede servir por 2 términos

9.- El caso de las personas envejecíentes que califican a la ciudadanía y el nuevo examen simplificado.

Las personas que están dispensadas de presentar el examen de inglés son: las que tienen más de 50 años de edad y han vivido en los Estados Unidos como Residentes Permanentes cuando menos 20 años y las que tienen más de 55 años con más de 15 de residencia. Ambos casos, deberán tomar solamente el de Gobierno, Civismo e Historia, en la lengua de su preferencia.

Y por último, los aspirantes que tienen más de 65 años y han vivido en los Estados Unidos como Residentes Permanentes por lo menos 20 años; también quedan exceptuados del examen de inglés y tienen derecho a tomar una versión simplificada de la forma de Gobierno, Civismo e Historia en el idioma que deseen. Para sumar el tiempo de residencia en los tres casos que anteceden, se cuenta el número total de años viviendo en la Unión, no es necesario, que el tiempo sea contínuo. Todos ellos tendrán que llevar a un intérprete debidamente acreditado a la entrevista.

El Nuevo examen de Ciudadanía, en su versión simplificada.

1. - What is one right or freedom from the First Amendment?

Speech

Religion

Assembly

Press

Petition the government

1. - ¿Cuál es un derecho o libertad derivado de la primera enmienda?

Libertad de expresión

Libertad de religión

Libertad de reunión

Libertad de prensa

Libertad de petición al gobierno

2. - What is the economic system in the United States?

Capitalist economy

Market economy

2. - ¿Cuál es el sistema económico de los Estados Unidos?

Economía capitalista

Economía de mercado

3. - Name one Branch or part of the government?
Congress, Legislative, President, Executive, The courts, Judicial

3. - ¿Nombre una rama o parte del gobierno?
El Congreso, La legislatura, El Presidente, El ejecutivo, Las Cortes, Las judicaturas

4. - What are two parts of the U.S. Congress?
The Senate and House of Representatives

4. - ¿Cuáles son las dos partes del Congreso?
El Senado y la Casa de Representantes.

5. - Name one of your state's Senators?
Name a Senator if you live in a state, if you live in the District of Columbia or one of the U.S. territories; the answer is that the D.C. or the territory where you live has no U.S. Senators

5. - ¿Nombre uno de sus Senadores?
Nombre un Senador si vive en un estado, pero si vive en el Distrito de Columbia o en un territorio americano, allí no hay Senadores

6. - In what month do we vote for President?
November

6. - En qué mes votamos para elegir al Presidente
En Noviembre

7. - What is the name of the President now?
Name the current president

7. - ¿Cuál es el nombre del Presidente, ahora?
Diga el nombre del Presidente

8. - What is the capital of your state?
If you reside in a state or U.S. territory, name its capital. The District of Columbia does not have a capital because it is not a state.

8. - ¿Cuál es la Capital de su estado?
Si reside en un estado o territorio americano nombre su capital. El Distrito de Columbia no tiene capital porque no es un estado.

9. - What are the two major political parties in the United States?
Democratic and Republican

9. - ¿Cuáles son los dos mayores partidos políticos en los Estados Unidos?
El Partido Demócrata y el Republicano

10. - What is one responsibility that is only for United States citizens?

Serve on a jury

Vote

10. - ¿Cuál es una obligación solamente para los ciudadanos americanos?

Servir en un jurado

Votar

11. - How old do citizens have to be to vote for President?

Eighteen and older

11. - ¿Qué edad necesitan tener los ciudadanos para votar para Presidente?

Dieciocho o más

12. - When is the last day you can send in federal income tax forms?

April 15

12. - ¿Cuál es el último día para enviar sus formas de pago de impuestos federales?

Abril 15

13. - Who was the first President?

George Washington

13. - ¿Quién fue el primer Presidente?

George Washington

14. - What was one important thing that Abraham Lincoln did?

Freed the slaves

Saved or preserved the Union

Led the United States during the Civil War

14. - ¿Qué cosa importante hizo Abraham Lincoln?

Liberó a los esclavos

Salvó o preservó la Unión

Lideró a los E.E.U.U. durante la Guerra Civil

15. - Name one war fought by the United States in the 1900s?

World War I

World War II

Korean War

Vietnam War

Persian Gulf Warr

15. - ¿Nombre una Guerra peleada por los EE.UU. en 1900?

Primera Guerra Mundial

Segunda Guerra Mundial

Guerra de Corea

Guerra de Vietnam

Guerra del Golfo Pérsico

16. - What did Martin Luther King Jr. do?

Fought for civil rights

Worked for equality for all Americans

16. - ¿Qué hizo Martin Luther King Hijo?

Peleó por los derechos civiles

Trabajó por la igualdad para todos los americanos

17. - What is the Capital of the United States?

Washington, D.C.

17. - ¿Cuál es la Capital de los Estados Unidos?

Washington, Distrito de Columbia

18. - Where is the Statue of liberty?

New York Harbor

Liberty Island

18. - ¿Dónde queda la Estatua de la Libertad?

En el puerto de Nueva York

En la Isla de la libertad

19. - Why does the flag have 50 stars?

Because there is one star for each state

Because each star represents a state

Because there are 50 states

19. - ¿Por qué la bandera tiene 50 estrellas?

Porque cada estrella representa un estado

Porque hay 50 estados

20. - When do we celebrate Independence Day?

July 4

20. - ¿Cuándo celebramos el Día de la Independencia?

El día 4 de Julio

A continuación, le presentamos al lector el antiguo examen versión simplificada, que dejará de tener efectos antes del primero de octubre del 2009 para personas mayores de 65 años con 20 años de residencia, exentas de ser examinadas en el idioma inglés.

1. - ¿Por qué celebramos el día 4 de Julio?
Porque es el día de la Independencia

2. - ¿Quién fue el primer presidente de los Estados Unidos?
George Washington

3. - ¿Quién es el presidente de los Estados Unidos en la actualidad?*
Nombre al presidente actual.

4. - ¿Qué es la Constitución?
La Ley Suprema del país

5. - ¿Cómo se le dice a las primeras diez enmiendas de la Constitución?
La Carta de Derechos

6. - ¿Quién elige al Congreso?
Los Ciudadanos de los Estados Unidos.

7. - ¿Cuántos Senadores hay en el Congreso?
100

8. - ¿Por cuánto tiempo elegimos a cada Senador?
6 años

9. - ¿Por cuánto tiempo elegimos a cada miembro de la Cámara de Representantes?
2 años

10. - ¿Quién postula a los jueces para la Corte Suprema?
El Presidente

11. - ¿Cuáles son los tres órganos de nuestro Gobierno?
Ejecutivo, judicial y legislativo

12. - ¿Cuál es la Corte más alta de los Estados Unidos?
La Corte Suprema

13. - ¿Cuál es el río más importante que va del Norte al Sur y divide a los Estados Unidos?
El Río Missisipi

14. - ¿La Guerra Civil fue librada acerca de qué temas importantes?
La esclavitud y los derechos de los estados

15. - ¿Cuántos estados hay en los Estados unidos?
50

16. - ¿Cuáles son los dos partidos políticos principales de los Estados Unidos?
El Republicano y el Demócrata

17. - ¿Cuál es la Capital de los Estados Unidos?
Washington, Distrito de Columbia

18. - ¿Cuál es la edad mínima para votar en los Estados Unidos?
18 años

19. - ¿Quién fue Martin Luther King Jr?
Un líder de los Derechos Civiles

20. - ¿Qué nación fue la primera en enviar un hombre a la luna?
Los Estados Unidos

21. - ¿Cuál es la Capital de su estado?
Si reside en un estado o territorio americano nombre su capital. El Distrito de Columbia no es un estado

22. - ¿Cuál es la acción que ejecuta el Presidente cuando se niega a firmar un proyecto de ley?
Veto

23. - ¿Cuáles son los dos Océanos que colindan con los Estados Unidos?
Los Océanos Atlántico y Pacífico

24. - ¿Qué americano famoso inventó la bombilla de luz eléctrica?
Thomas Edison

25. - ¿Cuál es el Himno Nacional de los Estados Unidos?
The Star Spangled banner (Una bandera adornada de estrellas)

Preguntas y respuestas que el interesado debe averiguar por si mismo antes de presentarse al examen de ciudadanía.

- ¿Quién es el Presidente de los Estados Unidos?
- ¿Quién es el Vice-presidente?
- ¿Quién es su representante, senador y gobernador?
- ¿Quién es el Vocero de la Cámara de representantes?
- ¿Quién es el Presidente de la Suprema Corte de Justicia?
- ¿Cuál es el Partido político del presidente Actual?

10.- La Juramentación.

Después de la entrevista, el aspirante que ha sido aprobado recibirá un aviso por correo de "Ceremonia de juramento de naturalización" donde se le notificará del lugar, día y hora de la celebración. En el dorso del documento encontrará preguntas que debe responder y que se refieren a sus actividades posteriores al examen de ciudadanía.

Al llegar al lugar tendrá que registrarse, llevando consigo el aviso, su tarjeta de Residente Permanente; la que devolverá pues ya no la necesitará, su pasaporte, licencia de manejo o la identificación de su estado. Hay ocasiones en que la entrevista y la ceremonia pueden realizarse el mismo día, pero no siempre es así.

La Juramentación es un acto público y solemne donde los participantes leen en voz alta el juramento de lealtad a los Estados Unidos de América. Cuando la ceremonia finaliza usted se convierte en Ciudadano Americano. La Juramentación es el último requisito que debe cumplir, además de la formalidad contiene 3 disposiciones de fondo que son:

a) La renuncia a toda lealtad anterior (to give up loyalty to other countries);
b) El apoyo y defensa a la Constitución y leyes de los Estados Unidos de América (to defend the constitution and laws of the United States); y,
c) Cuando la ley así lo exija, la disposición a combatir por los Estados Unidos, prestar servicio de no combatiente en las fuerzas armadas o Servicio Social para el País (to serve in the United States military if needed).

Este último acto formal, se conoce como "La promesa de fidelidad", (The Pledge of allegiance) que es un compromiso con la bandera y la nación americana.

"I pledge allegiance to the Flag of the United States of America, and to the Republic for which it stands: one Nation under God, indivisible, with Liberty and Justice for all."[8]

Lo que en español significa: "Yo prometo fidelidad a la bandera de los Estados Unidos de América, y para la república: una nación bajo Dios, indivisible, con libertad y justicia para todos".

---

[8] Wikipedia, *"Pledge of Allegiance"* 15 May 2008<http://en.wikipedia.org/wiki/Pledge_of_Allegiance>

El Juramento de lealtad (The Oath of allegiance):

"I hereby declare, on oath, that I absolutely and entirely renounce and abjure all allegiance and fidelity to any foreign prince, potentate, state, or sovereignty of whom or which I have heretofore been a subject or citizen; that I will support and defend the Constitution and laws of the United States of America against all enemies, foreign and domestic; that I will bear true faith and allegiance to the same; that I will bear arms on behalf of the United States when required by the law; that I will perform noncombatant service in the Armed Forces of the United States when required by the law; that I will perform work of national importance under civilian direction when required by the law; and that I take this obligation freely without any mental reservation or purpose of evasion; so help me God."[9]

"Por este medio, declaro bajo juramento, que renuncio absolutamente y por completo y abjuro toda lealtad y fidelidad a cualquier príncipe, potentado, Estado o soberanía extranjera, de quien o del cual haya sido sujeto o ciudadano antes de esto; que apoyaré y defenderé a la Constitución y las leyes de los Estados Unidos de América contra todo enemigo, extranjero y nacional; que profesaré fe y lealtad reales hacia el mismo; que portaré armas bajo la bandera de los Estados Unidos cuando lo exija la ley; que prestaré servicio como no combatiente en la Fuerzas Armadas de los Estados Unidos cuando lo exija la ley; que haré trabajo de importancia nacional bajo dirección civil cuando lo exija la ley; y que asumo esta obligación libremente, sin ninguna reserva mental ni intención de evasión; lo juro ante Dios".

Al terminar la ceremonia usted recibirá de manos de las autoridades del Servicio de Inmigración su Certificado de Naturalización y una solicitud para tramitar su pasaporte, lo que puede hacer en cualquier oficina postal. Dicho documento le servirá en adelante, para acreditarse como ciudadano de los Estados Unidos de América. También deberá registrar su ciudadanía ante el Seguro Social, especialmente si se cambió de nombre.

---

[9] USCIS, "*Oath of Allegiance for Naturalized Citizens*" 15 May 2008 <http://www.uscis.gov>

11.- Las diferencias entre Ciudadano Americano y Residente Permanente

El Ciudadano puede:	*El Residente permanente NO puede:*
Votar.	Votar
Ser empleado federal o policía.	Ser empleado federal o policía.
Servir en un jurado.	Servir en un jurado.
Permanecer indefinidamente en el extranjero si lo desea.	Salir sin autorización por más de 6 meses de territorio Americano.
Competir para un cargo público.	Tener cargo público.
Gozar de las preferencias para traer a sus familiares.	Gozar de las preferencias legales para traer a sus familiares.
Servir en un grupo cívico o comunitario.	Cometer una felonía porque podría perder la residencia y ser deportado.
Transmitir ciudadanía automática a los hijos menores.	Retirarse con todos los beneficios.
Retirarse con mayores beneficios del Seguro Social.	
Estar seguro que no se le puede deportar.	
Viajar con un pasaporte americano.	

Bibliografía

1. "La Declaración de Independencia y la Constitución de los Estados Unidos de América". (The Cato Institute) 2002. Estados Unidos.
2. "El Gobierno de los Estados Unidos. (Editorial Limusa S.A.de C.V). México, Distrito Federal. 1997.
3. "Nuestras Constituciones Federal y Estatal" (R.J.S. Publications). Merrill, Wisconsin.
4. "El Congreso de los Estados Unidos". (Noriega Editores). México, Distrito Federal. 1993.
5. "Conozca las leyes de inmigración". Nancy Jo Merritt. (Career Press). New Jersey. U.S.A. 1994.
6. "Como obtener la tarjeta verde". Loida Nicolas Lewis. (Nolo-Press.) 1993 U.S.A.
7. "Guía de inmigración a Estados Unidos". Ramón Carrión. (Sphinx Publishing.) Florida. U.S.A 1999.
8. "Una Guía para la naturalización". Departamento de Justicia. Servicio de Inmigración y Naturalización. U.S.A. 2003.
9. "Inmigración y Ciudadanía en los Estados Unidos". Debbie M. Schel. (Sphinx Publishing) U.S.A 2004.
10. "Inmigración, Preguntas y respuestas". Carl R. Baldwin. (Allworth Press). New York 1996. U.S.A.
11. "Inmigración sin confusión". Mario A. Vazquez. (Interamerican consulting Corporation) U.S.A. 1998.
12. "Inmigración y Ciudadanía en Estados Unidos". Allan Wernick. (Emmis Books) Cincinnati Ohio. 2005. U.S.
13. "United States History". Nelson Klose. (Barron's) New York. 2001 U.S.A.
14. "The Unfinished Nation". Alan Brinkley. (Mcgraw Hill Inc). New York. 1997. U.S.A.
15. U.S. History and Government". (Amsco Publications Inc). New York. 1997. U.S.A.
16. "The American Story". (Penguin Academics) Robert A. Divine. New York. 2002. U.S.A.

www.ingramcontent.com/pod-product-compliance
Ingram Content Group UK Ltd.
Pitfield, Milton Keynes, MK11 3LW, UK
UKHW051128260726
13967UKWH00010B/2925

9 780557 137404